U0152426

細味名言
100句

李怡　著

目錄

前言

在香港電台的節目《一分鐘閱讀》中，多年前我自定每個星期一，都介紹一句（有時是一段）名言。經多年積累，現在選出一百句，彙集成書。

在長年的閱讀中，我特別喜歡錄下一些精闢的句子，反覆咀嚼，並常在我的文章中引用。當然，引用名言，不是用來堵塞人的思想，而是用來啟發人的思維。所謂盡信書不如無書，盡信名言也不如沒有名言。

名言講的不一定對，即使對，也未必適用於所有人的所有狀況。但名言必定能夠引起讀者的思考，你可以不同意它，可以否定它，但你一定會去思考它。

此外，正如德國作家赫塞所說，名言猶如一段文字甚而是一篇著作的精髓，它因短小而有價值，不能粗略閱讀，而須細細咀嚼才能領悟其真義，並能成為指導生活言行的指針。我在這本書中錄下的名言，不僅是給讀友們思考，也是方便自己不時拿來翻閱，聯繫自己的生活寫作，細細思索其中含義。

大部份名言都取自作家、思想家、哲學家的文字，但也有些取自普通人的話語。其中有的所謂名言，其實是很普通的道理，簡單到幾乎是常識的話，但卻值得細味。比如美國原住民山雷酋長說的一句話：「說出真相，並不需要多費唇舌。」很普通吧？但因為社會上太多人犯了錯卻不肯說出真相，偏要用謊言去掩蓋真相，然後又用另一個謊言去掩蓋這個謊言，結果是越說越讓人無法相信，自己陷入了自己的謊言陷阱。山雷酋長說這句話的意思是：即使自己犯錯，坦誠說出真相也永遠比多費唇舌來辯解，更能夠脫出困境。

又比如美式足球教練藍巴迪說的一句話：「最偉大的成就不是從不跌倒，而是跌倒後能夠爬起來。」也是很普通一句話，但整個美國精神就體現在這句話中。美式足球有幾個特點，一是永不放棄：球賽有輸有贏，但美國人不喜歡說「我輸了」，他們只是說「我沒有打贏」；當他們被打倒的時候，他們也不會說「我們完了」，只是說「我們倒下，不是完蛋」；「成功者永不放棄，放棄者永不成功」。二是「往前」：美式足球只有一個方向，往前！攻方為了要爭取一寸一尺，即使要斷臂斷腿，也要往前衝。三就是「不倒」：美式足球只有一種防衛，就是不倒；守方的使命，即使要斷臂斷腿，也不讓攻方得逞。跌倒是免不了的，跌倒後再爬起來就是成就。世界上只有美國流行美式足球，而美式足球這種永不放棄的精神就代表美國精神。

在這本書中，我記下一百名言，簡略介紹作者的生平和成就，對有關句子稍作釋義，但不作詳細發揮。因為我相信，每一位讀友都會和我一樣，自己會對名言反覆深思，聯繫自己的生活、工作、處事，細察其意，或從迷惘中得到醒悟。

格言猶如寶石

「格言猶如寶石，因稀有而有其價值，且惟有小口細嚼而非大口囫圇才能到『味』。」

——德國作家赫塞

赫曼·赫塞（Hermann Hesse），德國作家，生於一八七七年，死於一九六二年。

赫曼·赫塞是一九四六年諾貝爾文學獎得主，作品風格多樣，兼有自然主義、浪漫主義和理想主義的氣韻。此外，他作為傳教士父親和印度學母親之子，受到成長背景的影響，作品也帶有濃厚的東方色彩。赫塞作品多描寫人們如何尋求實在自我，準確地捕捉人在青春期的精神狀態，以及青春期中人們可能會提出的一些問題。其作品亦帶有濃厚的和平主義色彩。以《彷徨少年時》、《荒原之狼》、《流浪者之歌》等作品享譽世界文壇。

赫塞寫作時期長達六十年，小說、散文、沉思錄、詩歌、政治思想、文學和文化批評論著在全世界再版過上億次。

晚年，他根據一些讀者從他的作品中摘錄下的句子，印成小書，書名叫《閱讀幾分鐘》，其後美國興起赫塞風潮，出版社再從他畢生作品中摘錄出五百五十條格言，編輯成書出版。上引的一段話，是這本書卷頭語。格言，猶如一段文字甚而是一篇著作的精髓，它因短小而有價值，不能囫圇吞棗式地粗略閱讀，而須細細咀嚼才能領悟其真義，並能成為指導生活言行的指針。

最可靠的辦法

「要得到你想要的某樣東西，最可靠的辦法是讓你自己配得上它。」

——美國投資專家查理．蒙格

查理．蒙格（Charles T. Munger, 1924 -）是股神巴菲特幾十年的拍檔兼副手，是巴菲特的多元控股公司巴郡．哈薩威（Berkshire Hathaway）的副董事長。為人一貫低調，近年才應邀到一些學校和機構演講，並出版著作。

這裏引述的名言，是取自蒙格二〇〇七年在南加州大學畢業典禮上的演講。

演講主題是他認為一些對他來說最有用的道理和態度。他並不認為這些道理和態度對每個人都是適合的，但認為它們之中有許多具有普遍價值，也有許多是「屢試不爽」的道理。

每個人都想要得到某些東西，這些東西或是職位，或是聲譽，或是財富。有些人用盡人事關係去鑽營，甚而用上賄賂、美色等等邋遢手段，目的都是要得到某些東西。上述這句話的含義是，所有挖空心思的手段都不可靠，最可靠的辦法只有一樣，就是增強你自身的條件，讓你自己配得上你要的東西。

這句話更深層的含義是，即使你已得到了你要的東西，即使你用種種手段、狡計攀附權勢，取得金錢地位，又或者得到了社會聲譽，你也需要時常自問：你配得上它嗎？這是一個使人謙虛的問題，而謙虛使人進步，驕傲使人落後，則是眾所周知的道理。

命運與主宰

「命運是我們半個行動的主宰，但是它留下其餘一半或者幾乎一半歸我們自己支配。」

——意大利政治哲學家馬基維利

馬基維利（Niccolò Machiavelli），生於一四六九年，死於一五二七年，是中世紀意大利政治哲學家，文藝復興時期的重要人物。

他最知名的著作是《君主論》，在書中馬基維利闡述了一個君

主（統治者）應該採用怎樣的統治手段才能保住自己的政權。書中指人性本惡，君主為了穩定政權，在公眾面前必須保持完美的名聲，但在私底下則必須採取許多本質邪惡的政治手段。但馬基維利也指出邪惡手段的一些限制，他指出只有維持穩定和繁榮才是國家追求的正當目標，個人為了其利益而不擇手段則不是正當的目標，而且也不能將邪惡手段正當化。馬基維利也沒有完全否定道德的存在，並非鼓吹完全的自私或墮落。

許多人把人的際遇歸因於命運，的確，同一出身、學歷甚至智商更高的人，際遇往往不及好命的人。但好命運不是一個人憑努力和能力就可以得到的，馬基維利不否認命運對人的主宰。但主宰只有一半。當好運來到，能不能把握，是我們自己支配的另一半。實際上，人需要作好種種準備，才能在好運來時可以掌握。所謂準備，就包括性情的陶冶，知識的充實和經驗的累積，使自己配得上來臨的機遇。

卓越是一種習慣

「重複的行為塑造出我們，所以，卓越不是一種行為，而是一種習慣。」

——古希臘哲學家亞里士多德

亞里士多德（Aristotle 公元前 384- 前 322），古希臘哲學家。柏拉圖的學生、亞歷山大大帝的老師，和柏拉圖、蘇格拉底（柏拉圖的老師）一起被譽為西方哲學的奠基者。亞里士多德的著作是西方哲學的第一個廣泛系統，包含道德、美學、邏輯、科學、政治和玄學，因此被譽為「最後一位精通所有知識的人」。

重複的行為，就是習慣，比如每天刷牙，既成為習慣，就是每天不假思索的行為。一旦養成，要去除不容易。我們自小就養成許多整潔的習慣，也可能會有些不太好的習慣，比如起床不整理床鋪，又或者習慣看電視看到很晚。不過，如果你養成了很好的習慣，比如習慣在睡前用一個小時閱讀，又或者習慣寫日記，簡單記下每天做的或第二天要做的事，如果這成為你的每天重複而且不能不做的行為，那就塑造出你自己，甚至塑造出卓越。

習慣是由不斷重複的行為養成的。壞習慣可以改，好習慣也可以養成。如果每天做一點點，比如每天起床都整理床鋪，花五分鐘坐下想想今天要做些甚麼，要帶甚麼出門。這樣，經過重複的行為，養成習慣，就會帶來好運。有人說過：命好不如習慣好。古羅馬作家西魯斯（Publilius Syrus，西元前四十二年）也說：「習慣具有強大的主宰力量。」

人是能夠思想的蘆葦

「人只不過是一根葦草，是自然界最脆弱的東西；但他是一根能思想的葦草……因而我們全部的尊嚴就在於思想……」

——十七世紀法國哲學家帕斯卡

布萊茲．帕斯卡（Blaise Pascal）生於一六二三年，死於一六六二年。法國神學家、哲學家和自然科學家。早年在數學上就有傑出貢獻，三十歲後，他離開數學和物理學，專注於沉思、神學與哲學寫作。身後其筆記本被編為《思想錄》。

這段話的意義在於說出人的存在和全部尊嚴就在於思想，而這是人區別於所有生物之處。若沒有思想，人只不過是一根葦草，是自然界最脆弱的東西，一口氣、一滴水就足以致它死命。然而，人是一根能思想的葦草，縱使被毀滅，人卻要比致他於死命的東西高貴得多；因為他知道自己要死亡，而宇宙對此卻是一無所知。

我們全部的尊嚴就在於思想。因此，我們要好好地思想，必須提高自己；這就是道德的原則。一個人佔有多少土地都沒有用；儘管宇宙囊括了我並吞沒了我，但由於我可以思想，我卻囊括了宇宙。人既不是天使，又不是禽獸；但不幸就在於想表現為天使的人卻表現為禽獸。

思想——人的全部尊嚴就在於思想。

喪鐘為誰而鳴？

「不要問喪鐘為誰而鳴，它是為你而鳴。」
——十七世紀英國詩人多恩

約翰．多恩（John Donne），出生於一五七二年，死於一六三一年，是十七世紀英國牧師和詩人。上引這句話來自他的詩集《禱告》（*Devotions*）。一九四〇年美國作家海明威（Hemingway）發表以西班牙反法西斯戰爭為題材的小說《喪鐘為誰而鳴》（*For Whom the Bell Tolls*），書名正是取自多恩的名句。

十七世紀時，英國教區的習俗，對於彌留狀態者，教堂都會為他敲響鐘聲。多恩因這個喪鐘而寫出了一段話：

「沒有人是孤島，每個人都是整片大陸的一部份，沒有人是完全的自己，而總是社會全體的一部份。當喪鐘為他人響起，你不要問喪鐘為誰而鳴，喪鐘是為你而鳴。」

當社會不公義的事發生，而且頻頻發生，你不要說跟你無關，因為你不是孤島。喪鐘為他人響起，就是為你響起。

一九三六到一九三九年，還有來自世界各地的知名人士或普通人，都不遠萬里，到西班牙投入這場注定失敗的戰爭，出發點就是基於多恩的這句話。

妥協代價是生活在其後果中

「繼續拖延、折衷和自我安慰式的權宜之計的時代已經接近尾聲；取而代之的，我們將開始生活於其後果之中。」

——英國前首相邱吉爾

邱吉爾（Winston Churchill，一八七一至一九六三年），英國政治家和作家。二〇〇二年，BBC舉行了一個名為「最偉大的一百名英國人」的調查，結果邱吉爾名列第一，即被公認為有史以來最偉大的英國人。他在文學上也有很高的成就，曾於一九五三年獲諾貝爾文學獎。

他留下不少名言，以上是他針對張伯倫的「綏靖」政策時講的話。所謂「綏靖」政策，是指當時納粹德國兼併奧地利之後，又向英國首相張伯倫表示要捷克割讓蘇台德，而張伯倫同意妥協。邱吉爾認為步步退讓的結果，就會使英國人民終於會生活在納粹鐵蹄下。面對不公平的壓迫、掠奪，許多人為了避免衝突和犧牲，都想盡量拖延、折衷，想用權宜之計忍辱偷生。但邱吉爾說：「在戰爭與屈辱面前，你選擇了屈辱！可是，屈辱過後，你仍得面對戰爭！」你以為妥協、折衷就能使強權止步，但實際上只會鼓勵強權更貪婪和更肆無忌憚。權宜之計不會恆常，不斷妥協很快就到尾聲，於是，我們將開始承擔其後果，也就是生活在強權淩辱之中。

司法獨立的認知

「憲法是我的法律聖經，它對我們政府的設計，就是我的設計；它的命運，就是我的命運。我珍視上面的每一個字，從第一句到最後一句；對憲法的最微小的要求的稍許偏離，都會讓我有切膚之痛。」

——美國前大法官布萊克

這是美國著名大法官雨果．布萊克一段關於司法獨立的名言。

布萊克（Hugo Black）出生於一八八六年，逝世於一九七一年。在一九三七年至一九七一年任美國最高法院大法官，他以堅決主張「人權法案」確保人民自由而聞名，一九七一年公開支持《紐約時報》有權發表五角大樓文件，並對新聞自由作出經典解釋：「新聞自由的最主要功能就是防止政府任何部門欺騙人民」。他是一位自由主義大法官，但他在判決上的自由主義立場是基於對憲法的理念而非其他價值觀傾向、信仰、派別、政治壓力或偏見。

前引的這段話是法治社會最重要的認知，即憲法的條文必須放置在所有對於政治權力、社會影響、政黨和集團利益的考量之上，並依從最高法院的大法官對憲法條文的每一句每一個字的解釋。

司法獨立是法治的核心，是自由、人權、人身保障和社會穩定的基礎，是香港過去的核心價值和成功要素。司法獨立比民主、比任何價值都重要。香港發展民主也應該以法治為基礎，即只能依據《基本法》的一字一句去實現，如有對《基本法》的稍許偏離，或違背《基本法》強加新的條文，或基於政治因素而作出不符原意的解釋，香港人特別是司法界都應該像布萊克大法官那樣，感切膚之痛，因為這意味法治的步向死亡。

中間道路無法創新

「一般說，在生活裏，中間的道路總是最好的道路，但在藝術裏，在科學裏，或在思想活動的領域裏，中間道路除了默默無聞的死亡之外，沒有別的去處。」

——烏克蘭詩人謝甫琴科

謝甫琴科（Shevchenko,T.H.），生於一八一四年，死於一八六一年。是烏克蘭詩人、畫家及人道主義者。他的文學作品被視為近代的烏克蘭文學，甚至是現代烏克蘭語的奠基者。謝甫琴科亦有以俄語寫作，他還留下了很多美術傑作。

相信許多人都同意：中間道路，是最好的道路，或最穩當的道路。尤其是需要妥協的政治。過分激進，或過分保守，都很難容於社會。儒家崇尚中庸之道，古希臘哲學家亞里士多德認為「每種德行都是兩個極端之間的中道」，例如：衝動與懦弱的中道，就是勇敢這種德行。

但許多有成就的音樂家、畫家、詩人、作家，甚至科學家、發明家、哲學家，都有人世難容至少是讓人覺得怪異的言行。他們絕不走中間道路，往往是走火入魔，想法和做法都不是平常人所能想像的。這樣的人才會創出奇蹟般的科學、藝術。若走中間道路，那麼即使不是默默無聞，至少也是相當平庸。要有創造，就不能走中間道路，必須別出心裁，想別人不會去想或認為根本不可能的方向。他們使人覺得怪異，甚或瘋瘋癲癲，這是因為他們在自己的行業鑽牛角尖鑽太深了。

知識分子最大的貢獻

「知識分子最大的貢獻是保持異議。」
——美國詩人費林赫迪

勞倫斯・費林赫迪（Lawrence Ferlinghetti），生於一九一九年，上世紀六十年代被稱為「垮掉的一代」的詩人，引領着當時年輕一代的叛逆思潮，著有《心靈的科尼島》，銷售量達數百萬冊。

一九五三年他與友人在三藩市創辦了一間獨立書店和出版社城市之光，專門出版和銷售文學、藝術、進步主義等相關的書籍。

這家書店因出版了艾倫．金斯堡的著作《怒吼》而為人所知。二〇〇一年，城市之光被指定為官方歷史名勝。

西方關於知識分子的定義，不僅指有知識的人，而且是能夠以懷疑和批判的眼光，為社會提供理性、公平和獨特見解的人。知識分子一定要跟權勢保持距離，對掌權者永遠抱置疑態度。依附權力的知識人，是不配稱作「知識分子」的。

知識分子的功能主要是文化性的。他們追求生命的意義、最終的價值、跟宇宙世界的接觸，其主要功能就是思索和解答這些問題，把大眾帶進較廣大的秩序中。知識分子是社會和時代的眼睛和代言人。

知識分子傾向對現實抱懷疑和批判的眼光，其想法看法永遠對現實有所保留，具有批判社會的性格。他們或着重建構新的世界，或着重重建古典世界。語言學家喬姆斯基（Avram Noam Chomsky）說：「知識分子的責任是說出真理，揭露謊言。」

知識分子不僅要不畏權勢，而且要不畏群情，因此附和權貴和附和潮流，都不是知識分子的本份。知識分子的最大貢獻，費林赫迪一語道破，就是「保持異議」。

真正的知識分子

「真正的知識分子，必須具備對超驗真理的信仰，他們不僅要批判現實的罪惡和不義，也要批判自己的歷史局限和錯誤判斷。惟有通過這一理性批判，知識分子才能不斷地超越歷史的局限，趨向於永恆和普遍。」

——法國哲學家班達

朱利安·班達（Julien Benda）是法國近代哲學家，生於一八六七年，死於一九五六年，以《知識分子的背叛》一書聞名學術界。這裏引述的是他對知識分子的定義。

先解釋甚麼叫做超驗真理。所謂超驗真理，是指人能夠超越感覺和理性而直接認識真理，即從內心深處體認真理。美國作家梭羅說：「就像我們面對面和在明朗的白天裏悟到真理一樣，我們也在背地裏和在黑夜中與真理不期而遇。」超驗主義者蔑視外部的權威與傳統，依賴自己的直接經驗，強調人的主觀能動性，每一個人只要靜心地尋找自己的靈魂，都可以找到真實的自己。人是自己的主宰。

這種來自內心深處對真理的信仰和堅持，使真正的知識分子不但要批判現實社會的罪惡和不義，也要不斷反省自己的認知。由於世界上沒有絕對真理，每一個人對真理的認知都有歷史局限，都一定有過錯誤判斷，因此知識分子也要不斷自我批判過往的認識。認為自己永遠正確的人，其實是迂腐和無知。知識分子要通過對現實和對自己的不斷理性批判，才能超越歷史局限，趨向於永恆和普遍性。但只是「趨向」而不是「達到」，因為真理不存在絕對的永恆和絕對的普遍性。

生活得最有意義的人

「生活得最有意義的人，並不就是最長壽的人，而是對生活最有感受的人。」

——法國啟蒙思想家盧梭

盧梭（Jean-Jacques Rousseau），生於一七一二年，死於一七七八年，是啟蒙時代最重要的思想家、哲學家、政治理論家和作曲家。他與伏爾泰、孟德斯鳩合稱「法蘭西啟蒙運動三劍客」。

俄國作家契訶夫出生於一八六〇年，逝世於一九〇四年，只活了四十四歲，被認為是至今為止最偉大的短篇小說巨匠，一生創作了數百篇經典小說，其劇作《萬尼亞舅舅》等對後世戲劇也產生了很大的影響。

音樂家莫扎特生於一七五六年，死於一七九一年，只活了三十五歲，卻成為歐洲最偉大的古典主義音樂作曲家之一，短暫一生寫出了許多不朽的傑作。其中包括二十餘部歌劇、四十一部交響曲、五十餘部協奏曲、十七部鋼琴奏鳴曲、六部小提琴協奏曲、三十五部鋼琴小提琴奏鳴曲、二十三首弦樂四重奏、以及數部嬉遊曲、小夜曲、舞曲及宗教樂曲。

唐朝詩人李賀，生於七九一年，死於八一七年，只活了二十七歲，卻與李白、李商隱齊名，合稱為唐代三李。他是中唐到晚唐詩風轉變期的一個代表者。他的詩想像力豐富，意境詭異華麗，常用些險韻奇字，有「詩鬼」之稱，名句如「南山何其悲，鬼雨灑空草」，如「天若有情天亦老」，如「秋墳鬼唱鮑家詩，恨血千年土中碧」。一生寫詩有二百三十三首。

這裏只舉出三個英年早逝，卻對生活最有感受的詩人、作家、音樂家。相較於長壽卻庸庸碌碌過一生的人，他們的人生豐滿得多，而留給後世的財富也無窮無盡。

精神孤獨最可怕

「在各種孤獨之中，人最怕精神上的孤獨。」
——法國十九世紀作家巴爾扎克

巴爾扎克（Honoré de Balzac），生於一七九九年，死於一八五〇年。法國十九世紀著名作家，法國現實主義文學成就最傑出人物之一。他以《人間喜劇》為總標題，共創作九十一部小說，寫了兩千四百多個人物，是人類文學史上罕見的豐碑，被稱為法國社會的「百科全書」。

上引句子中，巴爾扎克透視了人的孤獨的真正含意。孤獨，通常是指一個人的獨處。人是社會動物，人需要在與他人交往中得到快樂。孤獨意味寂寞，一般認為孤獨不是快樂的人生。但如果一個人處身在極為美麗的大自然環境中，一面享受美景，一面靜靜地思考，浮想，創意，發現，那就不會感到寂寞；一個人如果陶醉在動人的樂聲中，或在閱讀一本非常吸引自己的書，那樣也不會感到孤獨。相反，如果一個人處身在一大堆與自己格格不入的人群中，對他們之間的無聊談話感到厭煩，那麼即使周圍有很多人，你仍然會感到孤獨，而這正是巴爾扎克所說的精神的孤獨。

有些單身男女，為排遣假日的孤獨，會約會一個與他相處無趣的人去度假。這或許無可厚非。但如果為了不想孤獨過日子，而隨便找一個自己不怎麼喜歡或不大談得來的人結婚，共同生活，那麼在表面上兩個人一起生活的日子裏，自己一生都會感到精神上的孤獨和寂寞。而這種孤獨是各種孤獨中最可怕的。

悲哀不可過度

「適當的悲哀表示感情的深切，過度的傷心卻證明智慧的欠缺。」

——英國劇作家莎士比亞

生活在十六、七世紀的英國劇作家莎士比亞（William Shakespeare，一五六四至一六一六年）已毋須介紹了。他的劇作中有無數關於人生的精警語句，這裏所引的是其中之一。

每一個人都會經歷人生的生老病死，在個人生活圈子中尤其是親屬關係中，也一定有許多生離死別。對於無可避免的親友去世，特別是自己親愛的人去世，每一個人都免不了會哀傷。多數人隨着歲月的洗刷而接受現實，逐漸讓悲傷淡化，但也有些人由於與死者的相互依靠的關係無法擺脱，而一直在悲哀中沉湎，無法恢復正常的生活。

莎翁在以上這段話中，説明人的悲哀只能夠「適當」而不能夠「過度」。因為我們必須接受生離死別是人生的必然；而生離死別的發生卻往往是偶然的，或可以説是無常的。因此，感情的深切固然會對親人離去哀傷，但既然這是人生的必然，就應該使哀傷控制在「適當」的程度。如果過度哀傷，無法走出哀傷，無法過沒有了死者的自己的日子，那就證明缺乏最基本的生活智慧。

當然，這些話說來容易，作為當事人就總是難以放下的。我幾十年前寫過一句話：每一個人都有足夠勇氣忍受別人身上的痛苦。意思是：如果痛苦發生在自己身上，就缺乏勇氣忍受了。因為人與人之間在感情上是很難相通的。

最大的敵人是自己

「我們最大的敵人往往就是我們自己。我們總是難以控制自己。我們的敵人往往是自己尋找和製造出來的。」

——西班牙哲學家葛拉西安

葛拉西安（Baltasar Gracian），生於一六〇一年，死於一六五八年。

他是十七世紀西班牙哲學家、思想家、耶穌會教士。他寫的《智慧書》（*The Art of Worldly Wisdom*）彙集了三百則絕妙的格言警句，論及識人觀事、慎斷是非、修煉自我、防範邪惡等處世智慧和謀略。自一六四七年問世以來，歷經幾百年時光之淘洗而不衰。叔本華讚譽它「絕對獨一無二」；尼采就說「在剖析方面，整個歐洲沒人能比葛拉西安更為縝密、更為精細。」歐洲許多學者相信，千百年來，人類思想史上具有永恆價值的處世智慧包含在三大奇書中：一是馬基雅維里的《君王論》，二是《孫子兵法》，三就是葛拉西安的《智慧書》。

這裏引的一段話，是《智慧書》中三百句的其中一句。人在生命過程中，往往與他人爭奪權力、金錢、情慾，但在爭奪過程中，其實人的最大敵人是自己。聰明的人，往往因為沒有自知之明而用盡聰明去做一件蠢事。人往往因為無法控制自己的慾望而因貪致貧，因不自量力的爭逐而連自己已有的東西也失去。人因為想像出來的困境和哀傷，而使自己受傷。人也會因為害怕失去已有的東西，而放棄對應有權利的爭取。總之，人生的最大敵人不是存在於外在世界，而是存在於自身。葛拉西安的格言告訴我們，控制自己就能克服人生的敵人。

當大限來臨之時

「我非常確定：大限來臨之日，我只願意為做過的事感覺遺憾，而不是後悔自己沒有去做。」

——英國影星米高堅

米高堅（Michael Caine），一九三三年出生，是英國的知名影星。米高堅曾兩度獲得奧斯卡最佳男配角獎，另外在其他三項電影大獎都有獲獎紀錄，主演超過多達一百部電影。獲封爵士銜。一生熱愛演藝，七八十歲仍然拍戲。二〇一五年十二月十二日，八十二歲的米高堅以《年輕氣盛》（*Youth*）贏得第二十八屆歐洲電影大獎最佳男主角獎，並被授予歐洲電影獎終身成就獎。他幾年前出版過一本自傳《從大象到荷理活》（*From Elephant to Hollywood*），書中講到他五十八歲時，沒有小生戲演了，有人找他演爸爸的角色，實際上是大甘草，他欣然接受，並一直演配角或主角至今，越演越精彩。

上面這段話的「大限」是指人的死期。儘管沒有人知道是甚麼時候，但他認為他一生只有對做過的事會遺憾沒有做好，但不會後悔自己沒有去做。這是很重要的人生智慧。因為許多人臨死的時候，都後悔有些事沒有去做，或沒有勇氣做，或不能放下身段去做，或基於對權力、金錢、人際關係的考慮雖想做而不做。其實人的生命只有一次，聽從內心深處的呼喚去做想做的事，即使做不好也至少嘗試過，就沒有遺憾。米高堅在近三十年不放棄演藝事業，演大甘草，演繹了一個完美人生。

人生的重要修為

「花繁柳密處撥得開，方見手段；風狂雨驟時立得定，才是腳跟。」

——中國文化大師弘一法師

弘一法師，原名李叔同，生於一八八〇年，死於一九四二年。

弘一法師為現代中國著名文學藝術家、藝術教育家，被稱為「二十文章驚海內」的大師，集詩、詞、書畫、篆刻、音樂、戲劇、文學於一身，在多個領域，開中華燦爛文化藝術之先河。他把中國古代的書法藝術推向極致，「樸拙圓滿，渾若天成」。他是第一個向中國傳播西方音樂的先驅者，所創作的《送別歌》，「長亭外，古道邊，芳草碧連天……」幾十年傳唱經久不衰，成為經典名曲。他也是中國第一個開創裸體寫生的教師，先後培養出了名畫家豐子愷、音樂家劉質平等一些文化名人。他的一生充滿了傳奇色彩，三十八歲時突由絢麗至極歸於平淡，於杭州虎跑寺剃度出家，法名演音，號弘一。從此吃素唸佛，弘揚律宗，著有《南山律在家備覽》。一九四二年弘一法師在福建泉州溫陵養老院圓寂。

弘一法師一生寫下許多經典語錄、處世格言。前文引的是其中名句。「花繁柳密處」形容人生處事的複雜難纏，許多事情讓人看不到前路，人與人的糾葛，關係重疊，使人顧此失彼，順得哥來失嫂意，不知如何處理。弘一法師認為，處此境況，能夠「撥得開」方可顯出手段。「風狂雨驟時」形容種種逆境厄運襲來，考驗人的意志，考驗人對原則的堅持，對目標的堅定，「立得定」就是不為利益或威脅所動，這樣才顯出有「腳跟」。

手段與腳跟又互為因果：立得定才能撥得開，或撥得開才能立得定。而這二兩者都是人生最重要的修為。

操心最少，問題最大

「必須保留那些值得保留的舊事物，無論是山水、房屋、風俗、制度，還是人類典範。這是我們面臨的最大問題之一，也是我們操心得最少的事情之一。」

——英國小說家高爾斯華綏

高爾斯華綏（John Galsworthy），生於一八六七年，死於一九三三年，英國小說家、劇作家，一九三二年憑作品《福爾賽世家》三部曲獲諾貝爾文學獎。

文明國家都非常注重對山水、文物、風俗的保護和保留。許多歐美國家的老房子都一再維修繼續保留並且仍然住人，他們不會輕易去拆除舊房子，即使歷史較短的美國，也保護舊文物。一些反映過去悲慘或恥辱的歷史文物，比如德國的納粹集中營，也作為值得人們回憶的建築物保留，因為一個追求進步的民族，是不怕回顧過去恥辱的。讓人們看到過去的不堪，才更珍惜現在和瞻望將來。一些風俗、制度，也予以保留，當然是指值得保留的風俗、制度，難道專權政治制度也會保留嗎？

為甚麼說保留那些值得保留的舊事物是人類面臨的最大問題之一，又是操心最少的問題之一？因為為了發展，許多舊事物都會遭到不斷拆除、搬遷的厄運。只顧發展，人們不會操心這些舊物。然而，正是這些舊物，使人們知道自己的歷史，知道今天是怎麼走過來的，知道珍惜愛護自己生活的地方，也懂得汲取歷史的教訓。這確實是最大問題之一。

最會講話的鸚鵡飛得最糟

「在鳥類王國中，鸚鵡講話講得最好，但它卻飛得最糟。」

——飛機發明者萊特兄弟

萊特兄弟（Wright brothers），美國航空先驅，現代飛機的發明者。

哥哥威爾伯（Wilbur）生於一八六七年，死於一九一二年；弟弟奧維爾（Orville）生於一八七一年，死於一九四八年。一九〇三年十二月十七日萊特兄弟駕駛自行研製的固定翼飛機「飛行者一號」實現了人類史上首次以重於空氣的航空器，持續而且受控地作動力飛行，首創飛行控制系統，從而為飛機的實用化奠定了基礎，此項技術至今仍被應用在所有的固定翼航空器身上。

萊特兄弟發明飛機的過程漫長而曲折，經過上百次的試驗、失敗，媒體的百般嘲笑，直到一九〇六年已成功飛行，歐洲仍然有鋪天蓋地的質疑。《紐約先驅報》的巴黎版把當時歐洲對萊特兄弟的看法總結成一則社論，刊登在他們一九〇六年二月十日的報紙上：「不管萊特兄弟到底有沒有飛起來，不管他們到底有沒有一架飛機，不管他們到底是飛人還是騙子，想飛起來不容易，可動動嘴皮子說：『我們飛起來了。』倒是很容易。」

面對歐洲航空界普遍質疑，萊特兄弟繼續淡定地做着自己該做的事情。他們的回應以上述那句話最經典。通常說得最好、最漂亮的人，就像鸚鵡會說不會飛一樣，做起事情卻很糟。這句話是對社會上許多只說不做的人的最好嘲諷。

幽默是人生的潤滑劑

「沒有幽默滋潤的國民，其文化必日趨虛偽，生活必日趨欺詐，思想必日趨迂腐，文學必日趨乾枯，而人的心靈必日趨頑固。」

——中國現代文學家林語堂

林語堂生於一八九五年，一九七六年在香港病逝。

林語堂是中國著名的文學家、語言學家，致力於現代白話文的研究推廣。美國哈佛大學文學碩士、德國萊比錫大學語言學博士。一生筆耕不輟，著作等身，留下了數量多且涉獵廣的中英文著作，包括小說、散文、文學批評、英語教材、辭典、翻譯作品等。一九四〇年和一九五〇年兩度獲得諾貝爾文學獎提名。

上世紀二十年代，林語堂在《晨報》副刊撰文將英文「humour」一詞音義雙譯為「幽默」，從此幽默一詞廣為流行，而林語堂也畢生推動華人社會的幽默和幽默感。幽默指使人感到好笑、風趣的語言，幽默感則是運用或者理解幽默的能力。從心理學角度看，幽默是人生必要的潤滑劑，是一種絕妙的防禦機制，不僅可以使當事人從尷尬中解脫，化煩惱為輕鬆，變痛苦為愉快，而且還可以化干戈為玉帛，使當事人平息激動，回歸理智，使彼此在新的基礎上重拾默契，增進感情。

上引林語堂那段話，說明沒有幽默感的國民，不能以幽默面對真實，於是文化上虛偽，生活上欺詐，思想上固執而不能輕鬆求變，文學沒有幽默感滋潤也必流於乾枯，心靈也會因為沒有幽默感而僵硬頑固。

文學家的幽默感會使作品充滿趣味；演說家的幽默感會使聽眾笑聲不斷；企業家的幽默感會使下屬感親切；婚姻中夫妻充滿幽默感，會使平凡的生活快樂溫馨。

進步源自好奇心

「所有科學的進步，都在乎好奇心。好奇心，就是趣。科學發明，就是靠這個趣字而已。哥倫布發現新大陸，科學家發現聲光化電，都是窮理至盡求知趣味使然的。」

——中國現代文學家林語堂

林語堂，生於一八九五年，死於一九七六年，是中國文學家和大學問家。

他講的這段話，意思是所有人類的進步、發明，都源自人的好奇心。好奇心就產生興趣，為興趣而尋根究底地鑽研、探索，於是帶來人類的文明發展。

也有人認為，有兩種好奇心，一種是出於興趣，它使我們探索對我們有用的東西；另一種是出於好勝心，它使我們探求別人所不知道的東西。不論出於哪一種好奇心，它都是推動社會進步的動力。

林語堂這段話，對人生最有意義的是，要我們每一個人都要對世界、對社會、對種種事物有好奇心，其實也就是要保持多方面的興趣。世上偉大的科學家、學者、政治家，或成功的專業人士，除了他們的專業之外，對其他事物也有廣泛興趣，比如愛因斯坦。

有廣泛興趣，才能在自己專業範圍有突破，而且活得開心。有人說，世界上不存在毫無趣味的事，只有對一切都毫無興趣的人。如果對一切都毫無興趣，那就是一個枯燥乏味的人，過的其實是生不如死的人生。

人生的最終價值

「人生最終的價值在於覺醒和思考的能力，而不是在於生存。」

——古希臘哲學家亞里士多德

亞里士多德（Aristotle），生於公元前三八四年，死於公元前三二二年。

亞里士多德是古希臘哲學家，柏拉圖的學生、亞歷山大大帝的老師。他的著作包含道德、美學、邏輯、科學、政治和玄學等多個學科，是西方哲學的第一個廣泛系統，因此被譽為「最後一位精通所有知識的人」。

人生是短暫的，莊子形容一個人的一生如同白駒過隙，意思是像小白馬在細小的縫隙前跑過一樣，時間過得極快。許多人都想長壽，也就是把生存當作人的終生追求和最終價值所在。但事實是即使活過百歲，最後也難免會死。若人生價值是追求生存，那麼死亡後這價值就不存在了。

人類的文明靠積累，靠一些人留存下有永久價值的東西。亞里士多德認為，人能夠創造價值，基於他生存期間的覺醒和思考能力。覺醒是指在探尋真理的過程中，不斷地自省。因為世上沒有絕對真理而只有相對真理，相對真理的推進，靠的是批判思維，因為批判精神就是科學精神。覺醒也與思考能力的提升有關。思考能力不斷提升和發揚，在死後就留下個人的思想，或學術、科學、藝術的成果。這才是人生的最終價值。一生人不斷覺醒，不斷思考，即使未能為人類創造出可留存的成果，但至少是窮自己一生，實現了個人的最終價值。

自由與安全

「民主必須光明正大。在安全與自由出現矛盾的時候，我們必須毫不猶豫地站在自由這一邊，即使錯了也不後悔。」

——印裔英國作家魯西迪

英國著名作家魯西迪（Salman Rushdie），生於一九四七年印度孟買。十四歲移居英國，在劍橋大學國王學院歷史系畢業。其作品風格往往被歸類為魔幻寫實主義，作品顯示出東西方文化的雙重影響。一九八九年出版《撒旦詩篇》（*The Satanic Verses*），因為被指對伊斯蘭教不敬，而遭伊朗精神領袖霍梅尼下達追殺令。英國在與伊朗交涉失敗後，宣佈與伊朗斷絕外交關係。魯西迪被迫到處匿藏長達九年，直至一九九八年英伊恢復外交關係，作為復交的前提，是伊朗政府宣佈「既不支持也不阻止對魯西迪的刺殺」。

二〇〇一年美國遭到九一一襲擊後，全國籠罩在恐怖襲擊的恐懼中，加強安全的同時又妨礙到人民的自由，魯西迪時居美國，他寫了一篇文章，以深受人身威脅之害的過來人身份談及對安全與自由矛盾的看法。為了人民的安全，政府不得不制訂一些妨礙人民自由的法案。但這些法案怎樣拿捏到兼顧安全和人民的自由，一直有許多爭議。美國在九一一後制訂的《愛國者法案》，多年來在國會爭議不止。中情局僱員斯諾登出走和爆出美國情報部門對人民的擴大監聽，也是一個安全和自由的問題。

魯西迪深受安全威脅，但他仍然認為必須站在自由這一邊，他接着還提到對於恐怖主義看法，他說，「不要被恐懼所支配，即使你害怕」。

因為，自由是人類最需要珍惜的東西，「不自由，毋寧死。」如果為了安全而全面限制人民的自由，人們的自由創意也就被扼殺，恐怖主義的威脅也就得逞了。

不肯變就會變壞

「死也不肯變的人，總是免不了變壞的誘惑。」
——《莫非定律》

莫非定律，英文叫 Murphy's Law，是一九四九年一個叫 Murphy 的美國空軍基地工程師，從試驗得出來的觀察，就是事情往往會向你所想到的不好的方向發展。

「凡事只要有可能出錯，那就一定會出錯。」比如，倘若麵包掉到地上，一定是塗了牛油果醬的一面貼地；帶雨傘的時候不會下雨，但不帶雨傘時就會下雨；排隊時你選擇排的那一行，一定是最慢的……。由於有許多這方面的經驗，於是西方人就把這種現象，稱為莫非定律。

莫非定律經過許多人去撰寫、補充，編成多本不同的書，分社會篇、政治篇、辦公室篇、人際篇等等。有些已成金句，比如：好的開始，未必就有好結果；壞的開始，結果往往會更糟。

你若幫助了一個急需用錢的朋友，他一定會在他下次急需用錢的時候記得你。

你攜伴出遊，越不想讓人看見，越會遇見熟人。

一分鐘有多長？這要看你是蹲在廁所裏面，還是等在廁所外面。

前引的那一句，我認為是極智慧的金句。許多已經有一定事業根基的人，或已掌權力的人，往往不願意接受新事物，不肯作任何改變。

但事實上，他不肯改變的，只是認為會觸動他根基的改變，是向新事物轉型的改變。然而，卻往往抵受不住變壞的誘惑。比如一個不肯作民主改革的政權，總是抵受不住向貪腐變壞的誘惑。這是守舊的人或體制的莫非定律。

人必須認識自己

「人必須認識自己，如果這不能有助於發現真理，至少將有助於規範自己的生活；沒有別的比這更正確了。」

——法國哲學家帕斯卡

身兼神學家、自然科學家、哲學家的帕斯卡（Blaise Pascal）生於一六二三年，死於一六六二年。

短短四十年生命，帕斯卡作出了對機械計算器的製造和流體的研究的重要貢獻，澄清了真空的概念。三十歲開始專注於沉思和作神學與哲學的寫作。宗教論戰之作《致外省人書》（*Lettres provinciales*）被奉為法文寫作的典範，身後其筆記本被編為《思想錄》。

基於對自然科學和人文科學的深入認識，帕斯卡提出認識自己的重要性。人的認識不外於認識自己和認識自己之外的世界。兩者其實同樣重要。但許多人只專注於認識自己之外的世界，卻沒有對自己的認識，因而使許多聰明人最終都會由於沒有自知之明而栽跟斗或鬧出人生大笑話，因為他會以全部聰明去證明自己如何缺乏自知之明。自知之明確實比聰明更重要。

認識自己未必有助於發現外在世界的真理，但卻有助於規範自己生活，知道自己甚麼做得到，甚麼做不到。

我們最基本的共同點

「我們最基本的共同點是我們都居住在這個星球上，我們都呼吸着同樣的空氣，我們都關懷着孩子們的未來，我們的生命都是有限的。」

——美國前總統甘迺迪

甘迺迪（John Fitzgerald Kennedy），一九一七年出生，一九六一年獲選就任第三十五任總統，一九六三年遇刺身亡。雖然在位時間只兩年多，但被視為美國自由派的代表，留下不少讓後人記憶的政績和名言。

上面引述的一段話，所講的幾個「我們最基本的共同點」，主要是講給冷戰時期視美國為敵人的國家聽的，也針對美國的反對派和其他對手。講的道理非常顯淺，任何人都不可能不同意，然而作為競爭對手時，卻往往把這些基本共同點忘記了。如果時刻想到大家都居住在同一個星球上，就不會使用可能導致星球毀滅的手段，比如毀滅性的核子武器；不會破壞空氣，不會做些損害孩子們未來的事。而想到我們每個人的生命都是有限的，就不會把時間、精力耗在損人而不利己的事情上。

人是很奇怪的動物，在相互爭奪的時候，想到的只是在短暫的活着期間的勝敗，這些顯淺的道理都從腦子裏消失了。

保持緘默足以毀滅世界

「毀滅這世界的，不是那些作惡多端的人，而是看着他們作惡卻保持緘默、甚麼事都不做的人。」

——科學家愛因斯坦

愛因斯坦是二十世紀對世界影響最大的人物。他一生從事科學研究，但也積極參與社會活動。

在德國，愛因斯坦是反猶太團體的眼中釘，時常受到惡毒毀謗。一九三三年希特勒上台，愛因斯坦放棄德國國籍，移居美國。他是率直的和平主義者與國際主義者。對於民族主義，他有一句名言：好比麻疹，民族主義是嬰兒病。

愛因斯坦一生反戰，反種族主義，一直為正義發聲。但他也不斷地反省自己的思想及行為。在一九三九年，一群流亡物理學者，揭露納粹德國正在進行的原子彈研究，他們邀請愛因斯坦聯名寫信給美國總統羅斯福，建議美國政府介入核武器研究。

這封信被認為是對美國大規模研究核武的關鍵激勵因素，美國終於在二戰期間研製成功並將原子彈投擲於日本。作為和平主義者，愛因斯坦在逝世前一年說：「我一生之中犯了一個巨大的錯誤：我簽署了那封要求羅斯福總統製造核武器的信。但是犯這錯誤是有原因的：德國人存在着研製核武器的危險。」

這裏引述的他這段話，最重要的啟示在於：作惡多端的人之所以會成功，就是因為許多人眼看着他作惡，卻因為惡行沒有施行到自己身上，所以既不作聲也不參與抗爭。毀滅世界的是後者，而不是前者。

通往天堂的血污海

「他們相信天堂是有的，可以實現的，但在現世界與那天堂的中間卻隔着一座海，一座血污海，人類泅得過這血海，才能登彼岸，他們決定先實現那血海。」

——中國現代詩人徐志摩

以上是中國現代詩人徐志摩在一九二五年遊莫斯科三天後寫下的一段話，發表在當時的《晨報副刊》，反映當年徐志摩遊歷革命後幾年的蘇俄的主要感想。

這一年春天，徐志摩乘火車途經蘇俄去意大利。火車在西伯利亞駛過，他注意到人們神情陰沉，似乎不知道「甚麼是自然的喜悅的笑容」。到了莫斯科，他去拜訪托爾斯泰的女兒，得知托爾斯泰、屠格涅夫、杜斯妥也夫斯基的書已經不太能見到了，健在的重要文學家幾乎都離開了蘇俄。徐志摩於是寫了上面那段話。

在九十年前說出如此深邃又富文學性的語言，極不簡單，因為那個時代正是全世界包括中國在內都嚮往蘇聯的社會主義實踐的時代。左翼力量為這篇文章放火燒《晨報》報館，這種行為恰恰從反面證明了徐志摩的觀點：在現世界和那天堂之間隔着血污海。經過二十世紀的實踐，徐志摩的預言變成現實，西方也有哲學家說：「通往地獄之路是由美好的願望鋪成的」。還說：「總是使一個國家變成人間地獄的東西，恰恰是人們試圖將其變成天堂。」但徐志摩說得最早，說明他作為詩人，對現實的直覺觀感真是不簡單。

人民權利最大化

「使人民渺小，就會發現靠渺小的人民是不能完成偉大事業的。」

——英國哲學家約翰・穆勒

約翰・穆勒（John Stuart Mill，一八〇六至一八七三年），又有人譯作小彌爾，有別於他的父親、也是英國著名哲學家的詹姆斯・穆勒（James Mill，一七七三至一八三六年，又譯作彌爾）。

約翰・穆勒對西方自由主義思想影響甚廣，尤其是其名著《論自由》(*On Liberty*),更被譽為自由主義的集大成之作,是報刊出版自由理論的經典文獻。這部著作的要義可以概括為:只要不損及他人的自由和利益,個人就有完全的自由,其他人和社會都不得干涉;只有當自己的言行危害他人利益時,個人才應接受社會的強制性懲罰。這是約翰·穆勒所劃定的個人與社會的權利界限,所以,一九〇三年當嚴復第一次把《論自由》介紹到中國來時,書名就叫《群己權界論》。《論自由》的第二章專門探討了言論自由問題,標題就叫《論思想自由和討論自由》,這部份論述對報刊自由主義影響最大。

專權政治強調國家的權力,認為人民行使自由的權利時以不能損害國家的利益為準則;自由主義則認為國家的權力是由人民賦予的，社會中的個人應有完全自由，國家不能制定任何法律限制人民的言論自由，人民權利最大化才能使人民不會變得渺小，若自由受到壓抑就使人變得渺小，而人民渺小的國家是無法完成偉大事業的。

老人們的高尚過錯

「老人們最後的和高尚的過錯就是妄想把他們謹慎小心、深思熟慮、明哲保身的美德遺贈給被生活逼得走頭無路、被享樂引得如熱鍋螞蟻似的年輕人。」

——法國作家巴爾扎克

十九世紀法國作家巴爾扎克（Honoré de Balzac，一七九九至一八五〇年），一生創作九十一部小說，寫了兩千四百多個人物，是人類文學史上罕見的文學豐碑，被稱為法國社會的「百科全書」。

他對社會人生的深刻體會，留下了許多睿智的名言。

這段話講的是老人們通常無法設身處地考慮年輕人的處境。

老人的人生經驗是凡事深思熟慮、小心謹慎，長年為了保護自己和家人，懂得明哲保身。他們總覺得這些人生經驗是高尚的美德，並想把這一套傳給年輕人。但他們不知道，或許他們已忘記了自己的年輕歲月，年輕人多處於為學業、事業打拼時期，被種種壓力逼得團團轉，有路就要走，來不及深思熟慮。此外，年輕人有用不完的精力，種種玩樂對他們都有無限吸引力，無論做事還是玩樂都往往不能細想後果。年輕人追求正義的熱情，也無法對自己行為的後果深思熟慮，更遑論明哲保身。老人們的所謂美德，對年輕人來説根本無法顧及。因此，老人們的喋喋不休，年輕人只覺厭煩。老人們以為是美德，實際上是妄想和過錯。巴爾扎克說是「高尚的過錯和妄想」，是帶點反諷意味的，因為是自以為高尚。

有時候，我們看到老年人對年輕人談話的反應，甚至覺得不是兩個世代的人，而是兩個星球的人。人類真是善忘，包括忘記自己的年輕歲月是怎麼走過來的。

不要輕易以為不可能

「有些事情我們之所以不去做，只是我們認為不可能。實際上有許多不可能，只是我們以為不可能而已。」

——美國前總統林肯

美國第十六任總統林肯（Abraham Lincoln，一八〇九至一八六五年），一八六一年三月就任，一八六五年四月遇刺身亡。林肯領導美國經歷了其歷史上最為慘烈的南北戰爭和最為嚴重的道德、憲政和政治危機。由此他廢除了奴隸制，增強了聯邦政府的權力，並推動了經濟的現代化。

林肯去世五十年後，有人在林肯致朋友的一封信中找到他幼年時的一段經歷。

「我父親在西雅圖一處農場，上面有許多石頭。正因為如此，父親才得以用較低的價格買下它。有一天，母親建議把上面的石頭搬走。父親説，如果可以搬走的話，主人就不會賣給我們了，它們是一座座小山頭，都與大山連着。有一年，父親去城裏買馬，母親説，讓我們把這些礙事的東西搬走好嗎？於是我們開始挖那一塊塊石頭。不長時間，就把它們給弄走了，因為它們並不是父親想像的山頭，而是一塊塊孤零零的石塊，只要往下挖一英尺，就可以把它們晃動。」

林肯在信末寫着我們前面引述的話：有些事情我們之所以不去做，只是我們認為不可能。實際上有許多不可能，只是我們以為不可能而已。

他的廢除黑奴制度，就是在別人以為不可能中，去實現的。保守的人們以為不可能的事，只要有勇氣大膽推動，就有機會把不可能變為可能。

自由的秘密是勇氣

「自由的秘密是勇氣」。
——德國總理默克爾

二〇〇五年，丹麥刊登嘲諷穆罕默德的漫畫，引起全球穆斯林民眾的抗議，部份極端主義分子更作出恐怖威脅。冒着被恐嚇的風險，德國總理默克爾二〇一〇年頒發鼓勵言論自由的「媒體獎」給丹麥漫畫家韋斯特伽德（Kurt Westergaard），並以「自由的秘密是勇氣」為題發表演說。她認為自由包含責任、包容與勇氣。相信自己的價值判斷，對自己的一切言行負責，但最重要的，是堅持自己的價值觀、忠於自己而有勇氣承擔任何由此而須付出的代價。

安格拉．默克爾（Angela Merkel）於二〇〇五年起擔任德國總理。她是德國歷史上首位女性總理，也是兩德統一後首位出身前東德地區的聯邦總理。二〇一一年，她獲頒授美國總統自由勳章，在國宴餐單上寫着：「默克爾博士是自由勝利的象徵，因為她是第一位，在統一德國的總理府上任職的德東人。」二〇一三年，她領導的基民黨獲選連任，讓她成為德國在二戰後，首位三連任的總理。

默克爾這句話的出處，其實來自古希臘的歷史學家修昔底德（Thucydides），他的原話是「幸福的秘密是自由，自由的秘密是勇氣。」

籠裏的鳥沒有自由，牠要自由就要有勇氣去冒着自己覓食和受猛禽襲擊的風險。為自己的心靈自由和行動自由抗爭，需要勇氣，否則你大可以在主子的束縛中過安逸但不自由的日子。寫或畫一些開罪強權的作品需要勇氣，給這些勇於自由表達的人士的獎勵也需要勇氣。總而言之，要享有自由，要捍衛自由，秘密就是要有勇氣。

莫把小事當災難

「成功婚姻之訣竅在於把一切災難當作小事，而不是把小事當作災難。」

——英國外交家尼高遜

哈羅德．尼高遜（Harold Nicolson），生於一八八六年，死於一九六八年。英國著名的外交官、政治家和新聞工作者。一生著作等身，撰寫的外交學著作多達百餘種，其思想在西方外交學界有着重要地位，也被認為是知識最淵博的外交家。

上引這段話不是講外交，而是講人生中最常遇到的婚姻問題。有人認為婚姻是愛情的墳墓，也有人認為婚姻是人類生活中不自然的事。

關於婚姻的研究論述多如恆河沙數。不過許多人集中討論的，是兩個不同背景的人，在激情慢慢平淡之後如何相處的問題。尼高遜的說法很有意思，因為人們遇到外在的災難來臨時，通常都能夠沉住氣冷靜應付，但遇到小事卻容易發飈。尼高遜的話，重點不在前一句，即把一切災難當小事；而在後一句，即把小事當災難。有時只是因為另一半跟一些朋友（其中或有異性朋友）應酬，有時只是因為另一半的未能改掉的壞習慣（比如亂丟衣物），就可以吵得不可開交，甚至吵到離開了原來的話題。於是小事就變成災難了。

早年挫折有好處

「一個人在早年生活中遭點挫折，實際上極有好處。」

——英國生物學家赫胥黎

托馬斯·亨利·赫胥黎（Thomas Henry Huxley），生於一八二五年，死於一八九五年，英國生物學家，因捍衛達爾文的進化論而有「達爾文的鬥牛犬」（Darwin's Bulldog）之稱。

生活中遇到挫折，當然不是好事。但從受保護的家庭、受關愛的學校，走進爾虞我詐，充滿權力、利益、愛慾爭奪的社會，較天真的青年豈會沒有挫折？遭點挫折，知道社會是有不公平的，而且不公平也一定會發生在你身上，使你更了解社會，更趨向成熟，甚至學會一些在爭奪中的妥協以及必須要的堅持，確實極有好處。有的人剛出道就一帆風順，少年得志，似乎前景無限美好，但誠如日本詩人佐藤春天（1892-1964）所說：「少年得志，是人生的不幸。從個人的內在修為來說，會使他持才傲物並阻礙他成才；從外在社會關係來說，不論幹甚麼事都引起眾人的妒忌。」

如果一個人，在年輕時遇到挫折，應該恭喜他；如果事事順利，就應該提醒他必須對順境警惕，更需謙卑，步步為營，切戒囂張。因為失敗固然可以是成功之母，而成功也會成為失敗之母。

有標靶才拉弓

「除非你有標靶做你的目標，你不能隨便拉弓。」

——意大利藝術家阿爾貝提

十五世紀意大利藝術家阿爾貝提（Alberti,Leone Battista），生於一四〇四年，死於一四七二年。他是文藝復興時代的人文主義者，一生涉獵範圍極廣，而且都卓有成就。在藝術方面，如繪畫和雕刻都是非凡的。他是一位傑出的建築師，設計過一些有名的教堂。他是數學家，是密碼學的創始人。此外，他又集考古學家、作家、文藝批評家、風琴演奏家、歌唱家於一身。他曾寫道：「只要人願意，沒有甚麼是做不到的。」

一生可以做這麼多事，並且都成績驕人，秘訣就是這裏引述他的一句話，即每做一件事都有一個目標。道理似乎很簡單，拉弓時怎麼可以沒有標靶呢？

但事實上，許多人做事都只是做，而沒有想到要達到甚麼目標。藝術家往往只是畫，沒有想到或清楚明白自己要表達甚麼，其他如寫作、學術研究等等也莫不如此。許多人都隨隨便便就拉弓，沒有標靶，或沒有看清楚標靶。也有許多人是別人為自己設立標靶，甚或是一個假標靶，就按別人的設定去拉弓。就這麼虛度了一生。因此，這句話的另一個含意是要自己設定標靶，否則也不要隨便拉弓。

真正的女性和男性

「真正的女性，是毅然拋棄所謂的女性氣質時，依然美麗的人；真正的男性，是堅決承擔男性應有的責任，卻依然感到悲愁的人。」

——日本作家柳美里

柳美里是近二十多年在日本崛起的韓裔女作家。

她於一九六八年生於日本，中學時中途輟學，當劇團演員及寫劇本。一九九三年以短篇小說《魚之祭》獲岸田國示戲曲獎，一九九八年以《家夢已遠》獲泉鏡花獎，一九九七年以《家族電影》獲日本文學最高的芥川獎，奠定新生代作家地位。

她寫作了一本《私語辭典》，記下一個個辭語，再根據自己的人生體認，對辭語作獨特的解釋。這裏介紹的，是她關於「女性」「男性」的辭語解釋。

她所說的「所謂的女性氣質」，指的應該是一般人所認為的青春、容貌、身材等，如果一個女人青春已逝，迷人的容貌身材不再，而你仍然覺得她美麗的話，那就是顯示她有超越一般人認為的「氣質」而有自己獨特而吸引人的氣質。舉例來說，比如已經老去的昂山素姬。

真正的男性，魅力在於堅持承擔應有的責任，包括家庭的、事業的、社會的，但承擔了也看盡了，對人世依然感愁苦。大陸演員陳道明說：「男人最大的魅力，就在痛苦，……唯有經歷人世滄桑和閱歷的男人，才有魅力，一個幸福的男人，活像個大寶貝一樣，沒甚麼意思。」與柳美里所見略同。

難得糊塗，吃虧是福

「滿者，損之機；虧者，盈之漸。損於己則益於彼，外得人情之平，內得我心之安，既平且安，福即在是矣。」

——清代名士鄭板橋

清代名士鄭板橋，生於一六九三年，死於一七六五年。

鄭板橋原名鄭燮，字克柔，號理庵，又號板橋，人稱板橋先生，江蘇興化人。應科舉為舉人、進士。做過山東范縣、濰縣縣令，因鬧饑荒為人民請求賑濟，觸怒上司，於是辭官。

鄭板橋工詩、詞，善書、畫。為「揚州八怪」之一，其詩、書、畫世稱「三絕」。一生畫竹、寫竹最多，次則蘭、石，是清代有代表性的文人畫家。

上引文句，是他著名的兩幅字之一。大字的題目是「吃虧是福」，意思是人生有滿有損，有盈有虧，滿足的時候，其實潛伏了受損的機會；有虧欠的時候，實際上就會慢慢充盈。對自己有損就是對他人有益，這樣在外就可以得到人情的平順，在內就可以使自己心安，既平且安，就是有福了。他的另一幅字是「難得糊塗」，內文是：「聰明難，糊塗難，由聰明而轉入糊塗更難，放一着，退一步，當下心安，非圖後來福報也。」

這兩幅字，後人常奉為人生至理。人類社會似乎人人都想佔便宜，誰也不想吃虧。也有人說「吃小虧佔大便宜」，甚至「吃虧就是佔便宜」。但鄭板橋並非認為吃虧和難得糊塗的目的，是要佔便宜，甚至不是為了福報，而是為了心安，為了人際關係的平順。

一切從懷疑入手

「有一種更高層次的懷疑，它是我們自己每一天的戰場。它唯一的歸宿就是聖潔，如果我們能活到那一天的話；而它唯一的逃脫辦法就是愚蠢。」

——英國詩人艾略特

艾略特（Thomas Stearns Eliot），生於一八八八年，死於一九六五年，英國詩人、評論家、劇作家，一九四八年諾貝爾文學獎得主。

中國一個九十多歲的歷史學家何兆武，回憶抗戰時期在西南聯大求學，曾經同後來成為著名數理專家的王浩討論過甚麼是幸福。

王浩說幸福不應該是 pleasure，而應該是 happiness，即不是物質享受，歸根到底是精神上的一種狀態。他又說：宗教的虔誠應該是一種幸福了。何兆武則認為，簡單的信仰不能等同於幸福，因為它沒有經歷批判的洗練，不免流入盲目或自欺。他覺得一切必須從懷疑入手。他就引用了前面所講的艾略特的那段話，指出幸福是不斷的懷疑，不斷的拷問與揚棄，是一種「通過苦惱的歡欣」，而不是簡單的信仰。而這種「高層次的懷疑」，源自對自己而不是對任何人、任何權勢、任何意識形態教條的忠誠，對自己也不是指名利權，而是內在的良知。

以信仰某種價值，比如上帝、和平、學術等等為藉口而逃脫是愚蠢，因為你逃不掉。由懷疑、拷問、苦惱、揚棄而導致的認知的改變，會有歡欣，但我覺得歡欣是過程，而未必得到聖潔那樣的歸宿。

盡信書，則不如無書

「閱讀只能提供裝飾我們頭腦的材料，思索才能將我們閱讀的東西變成自己的思想。」

——英國十七世紀哲學家洛克

約翰．洛克（John Locke），生於一六三二年，死於一七〇四年。他是對於後世政治哲學產生巨大影響、並被廣泛視為是啟蒙時代最具影響力的思想家和自由主義哲學家。洛克主張政府只有在取得被統治者的同意，並且保障人民擁有生命、自由、和財產的自然權利時，其統治才有正當性。如果缺乏了人民的同意，那麼人民便有推翻政府的權利。洛克將國家權力分為立法權、行政權和對外權，並主張立法權與行政權的分立，行政權與對外權的統一；立法權是國家最高權力。洛克的思想影響了伏爾泰和盧梭，以及許多後世啟蒙運動思想家和美國開國元勳。他的理論反映在美國的獨立宣言上。

閱讀是長知識的重要手段，閱讀能使人知識廣闊，但只有通過思索，才能使閱讀得到的知識變成可以指導自己言行的思想。閱讀並非把思想直接灌注到人的腦袋，每一個人閱讀同一作品，所產生的認知都不同，聯想也不同。因此，不能把書本的知識、見解，作者的想法照單全收。如果這樣，或者就如孟子所說：「盡信書，則不如無書」了。

行政主導須其身要正

「其身正，不令而行；其身不正，雖令不從。」
——孔子

孔子這段話是針對執政者說的。

它的意思是：執政者本身正直，處事公正，沒有徇私，沒有貪腐，那麼即使不下命令，政事也會自然順暢地運行；倘若執政者其身不正，也就是徇私貪腐，那麼雖然三令五申，執行的官員固然會陽奉陰違，人民也不肯聽從法令。

現在文明國家多實行三權分立，而媒體也被稱為第四權對行政機關作監督。有人認為有立法、司法、媒體的制衡，會影響行政機關的效率；也有人指出，行政主導的體制，處理政事劍及履及，沒有那麼多爭拗，效率會好得多。

有人提到新加坡，獨立建國五十年，在城市面貌、經濟和文化等方面都有巨大變化，從一個第三世界海港發展成為全世界最成功的金融中心之一。它的成功因素，就是儘管有三權分立的模式，但實際上實行的是行政主導，無論是國會的反對黨還是媒體，對行政機關的制衡都相當乏力。

但這種成功，最關鍵在於執政團隊，都其身要正，也就是執政黨對執政團隊，嚴格要求必須清廉，並強調秩序和效率。也就是實現了孔子所說的「其身正，不令而行」。同樣的行政主導，如果執政者「其身不正」，比如貪財、「秘撈」、任人唯親、說謊成癮，民望居於大比數負值，那麼即使要做一件有利公眾的事，或任命一個官員，社會上都會有許多雜音，難以推動，實際上就是孔子所說的「雖令不從」。

不要讓年輕人迷失自我

「教導年輕人要敬重與自己抱持同樣想法的人、而不是與自己想法迴異的人，這樣的教導方式只會讓年輕人逐漸沉淪。同樣的，一味教導年輕人要合群、要信賴、要迎合對方，只會加速年輕人迷失自我，成為無用的人。」

——德國哲學家尼采

尼采（Friedrich Wilhelm Nietzsche），生於一八四四年，死於

一九〇〇年。

尼采是德國著名哲學家，西方現代哲學的開創者，他的著作對於宗教、道德、現代文學、哲學、以及科學等領域提出了廣泛的批判和討論。他的寫作風格獨特，經常使用格言和悖論。主要著作有：《權力意志》、《悲劇的誕生》、《查拉圖斯特拉如是說》等。

尼采哲學的特點，是重視和強調個人意志，反對一個人要迎合大眾的潮流和社會公認的思想模式。以上這段話是他對傳統教導年輕人的社會固有觀念的顛覆。他反對合群，反對年輕人一味與想法相同的人圍爐取暖，只與相同觀念的人接觸和彼此和應。他認為這樣並不能增長見識，不能開拓智慧。這樣教導年輕人只會使他們思想閉塞，不能發揮自我，缺乏個人創見與思想的自由馳騁，就會成為無用的人。

現代文明強調獨立思考，要義在不要被一些社會認為理所當然的觀念駕馭，比如未經思考的民族主義，或者只追求現實利益而不是追隨個人志趣的學業、職業及人生道路的選擇，在尼采眼中都是迷失自我的人。

知識與正義

「沒有知識的正義軟弱無力，沒有正義的知識危險可怕。」

——十八世紀英國文化人塞繆爾．約翰遜

塞繆爾．約翰遜（Samuel Johnson），英國著名文化人，生於一七〇九年，死於一七八四年。

說他是文化人，因為他集文評家、詩人、散文家、傳記家於一身，尤其他花了九年時間獨力編出的《約翰遜字典》，為他贏得了文名及被稱為約翰遜博士（Dr. Johnson）。約翰遜早年生活貧困，後來著名作家博斯韋爾（Boswell Tames, 1740-1795）為他寫了一本《約翰遜傳》，記錄他後半生的言行，才使他成為家喻戶曉的人物。

這裏引述他的這句話，對知識和正義作出了清晰和一針見血的定義，讓世人明確知道這兩種東西的重要關聯。

一個人或一群人或一個政黨，如果只有一腔對社會正義的追求，但缺乏知識、缺乏理論、缺乏對追求正義行為的明確清晰並具說服力的道理支撐，這樣空有熱情但行為本身卻軟弱無力。不過，如果一個人或一群人或一個政黨有知識但沒有對社會正義的信念和堅持，只有自己或政團的利益考慮，那就會用他們的知識去欺騙人民、去荼毒生靈，這樣有知識反而更比無知識危險可怕。

言不必信，惟義所在

「大人者，言不必信，行不必果，惟義所在。」
——孟子

儒家亞聖孟子這段話的意思是，有大德行的人，不必拘泥於說話一定要守信，行事一定要徹底，最重要是考慮是否合義。

《說文解字》中說：「信，誠也，從人，從言。」也就是說，「人言成信」，「誠從成言而得」。「信」的意思是言出必行。

那麼，何為「義」？《孟子》中云：「義，人之正路也。」韓愈《原道》中說：「行而宜之之謂義。」「義」是指人們的思想和言行符合一定的道德標準，行正道，更要符合公眾利益，即公義。

「信」與「義」的關係如何？「信」是「仁」的必然要求，是修身之本，立業之石，興國之基，而「義」是「信」的標準，即君子的「信」一定要符合「義」，「義以為上」，「不義不諾」，不符合「義」便不可以承諾。

孔子的弟子有子說：「信近於義，言可覆也」，意思是如果信約符合義，那就可以去履行這信約。但是，如果信約不符合義，那就可以反覆，也就是不必守信。

政商界常以保密原則來防止將違反公眾利益的決定過程洩漏，但人類歷史上常有基於「義」而不守保密承諾的事。較遠的如一九七一年美國軍方分析師丹尼爾．艾爾斯伯格（Daniel Ellsberg）向媒體提供五角大樓機密文件，較近的如美國中情局僱員斯諾登（Edward Joseph Snowden）公開美國中情局對人民的大規模監聽行為，都是為公義而不惜犧牲個人誠信。因此，民無信不立，信是從政者的基礎，但義在信之上，信須近乎義，不義之信「言可覆也」。

更寬廣地思考人類福祉

「我們必須以更寬廣的格局思考人類福祉，物質福祉只是其中一個元素，並不能確保人類彼此相處和諧，也不能確保人類與環境間的和諧。」

——不丹前總理廷禮

吉美．廷禮（Jigmi Y. Thinley），是不丹首位民選總理。於二〇〇八年第一次民主選舉中，他領導的和平繁榮黨囊括了國會四十七席中的四十五席，大獲全勝，廷禮出任總理，至二〇一三年卸任。在不丹民主化以前，廷禮於一九九八年及二〇〇三年，皆曾任總理一職，亦曾任不丹內政部長。

全世界都追求經濟發展，人的幸福快樂往往與金錢畫上等號，經濟學家在衡量一個國家的生活福祉時，往往以 GDP，即國民生產總值為指標。二〇〇四年在加拿大聖方濟大學舉行了一場會議，與會四百多人中包括經濟學家、社會學家及企業領袖，大家企圖為所謂的繁榮尋找新的定義。他們認為國民福祉在金錢之外應有其他標準，例如健保的普及性、陪家人的空閒時間、自然資源的保育等等。在喜馬拉雅山區的小國不丹，當時的內政部長廷禮，說出以上一段話，提出對追求國民福祉的與眾不同的理想。

不丹國王旺楚克（Jigme Singye Wangchuck）於一九七二年登

基時，有感於只重經濟成長的已開發國家產生許多問題，因此決定其國家發展的優先課題不應該是GDP（國民生產總值），而是GNH（gross national happiness，國民快樂總值）。

廷禮追隨這個目標數十年，成就了不丹成為雖然貧窮卻是國民快樂指數居世界第八位的國家。而廷禮這段話，也帶給全世界的人深刻的思考。

非物質主義的人生追求

「物質主義主要關切的是物品，而佛教徒關心的則是解脱。解脱的阻礙不在財富本身，而是對財富的執着；不是因為享受美好事物，而是對美好事情的無盡的渴望。」

——英國經濟學家修馬克

修馬克（E.F. Schumacher），生於一九一一年，死於一九七七年。

修馬克在二十世紀中葉已預見到西方經濟過度發展而忽略「可

持續」倫理的困局，提出「小即是美」、「佛教經濟學」等與西方主流經濟思潮背道而馳的觀念。

他提出的「可持續發展模式」，當時只有極少數人留意這洞見。

直到全球生態越來越出現問題的九十年代，修馬克的重要性才廣被發現和重視。近年來更被尊稱為「可持續發展的先知」。一九七七年修馬克逝世後，他生前的著作《小即是美》十多年後突然「鹹魚翻生」地熱賣起來，他的另三本著作也在死後才有機會出版。

這裏所引的一段文字，是修馬克的哲學基礎，來自他的「佛教經濟學」。西方經濟學通常着重財富的積累，和人民物質生活的發展進步，增加人民對美好事物的享受。修馬克提出非物質主義的人生追求是解脱，也就是解脱對財富的執着；要解脱的不是放棄享受美好生活，而是對美好事情的無盡渴望。

與權力抗衡的儒家道統

「天下有道則見，無道則隱。邦有道，貧且賤焉，恥也。邦無道，富且貴焉，恥也。」

——孔子

這段話是孔子針對讀書人即知識分子而說的。

兩三千年前的知識分子，被稱為「士」。「士志於道」，即讀書人的志向是辨明是非、道理。這叫做「道統」。上引這段話是說，當國家政治開明，講道理、明是非，知識分子應該獻身政治，如果在政治開明的時代無功名利祿，是可恥的；而當國家不行王道而行霸道，以權勢欺壓百姓，不講是非道理，那麼知識分子就應該隱身，如果這時追求功名利祿，就是可恥。

已故儒學大師徐復觀教授曾寫過論《理與勢》的文章，「勢」指政治權力，即是「政統」，「理」是儒家的「道統」。「道統」在儒家心目中，高於皇權，是自己與專制權力抗衡的思想源泉。徐復觀認為，雖然中國自秦以來，一直是專制皇權統治，但有「道統」平衡着「政統」，「使任何專制之主，也知道除了自己的現實權力以外，在教化上，在道理上，另有一種至高無上，而使自己也不能不向之低頭下拜的人物存在……每個人的真實價值，不是由皇帝決定，而是由聖人決定，連皇帝本身也如此。」他認為「理只有是非而無大小，勢則不僅有順逆而且有大小。」如果我們做事為人只憑勢，那麼遇到勢小於自己就恃勢欺人，而遇勢大於自己就會神消氣沮，張惶失措。他認為知識分子，應憑着心中的價值信念，敢於以「理」抗「勢」。

失敗的價值

「失敗也是我需要的，它和成功對我一樣有價值。只有在我知道一切做不好的方法以後，我才能知道做好一件工作的方法是甚麼。」

——美國發明家愛迪生

愛迪生（Thomas Alva Edison），生於一八四七年，死於一九三一年，美國發明家、商人。愛迪生發明了很多東西，包括：對世界極大影響的留聲機、電影攝影機、鎢絲燈泡和直流電力系統等。在美國，愛迪生名下擁有一〇九三項專利，而他在美國、英國、法國和德國等地的專利數累計超過一千五百項。世稱奇才。

俗語說：失敗是成功之母。但世界上甚少人實踐這句話。幾乎沒有人喜歡失敗，多數人也不會從失敗中汲取教訓，並導致成功。因此，當嚐到失敗時能夠不頹唐而且欣賞失敗，能夠領悟失敗的價值，就是非常重要而人們往往會忽視的人生智慧。常見與此相反的現象就是：成功往往會成為一個人的包袱，因成功而驕傲，而忘乎所以，或受成功經驗所困而看不到世情的變化，使成功變成了失敗之母。這樣的人很多。愛迪生這段話，是表達失敗對他的價值，不僅接受失敗，而且要欣賞失敗，知道失敗的意義，探索失敗的原因，這樣才能使失敗轉為成功。

失敗是成功之母，人人都會說，但極少人做到，因為極少人願意去了解失敗的價值。

認知悲觀和心願樂觀

「我的認知是悲觀的，但我的心願和希望是樂觀的。」

——諾貝爾和平獎得主史懷哲

史懷哲（Albert Schweitzer），生於一八七五年，死於一九六五年。

史懷哲是德國擁有神學、音樂、哲學及醫學四個博士學位的通才。他的哲學以尊重生命、敬畏生命為倫理基礎，他相信這就是他對人類作出最偉大的貢獻。他認為西方文明因為慢慢放棄肯定生命為倫理基礎，所以變得腐化。尊重生命的倫理會促使自我更新。一九一三年他在中非西部加蓬建立叢林診所，其後創立史懷哲醫院，從事醫療援助工作。一九三九年至一九四八年，他一直留在中非加蓬。第二次世界大戰結束三年後，即一九四八年，他第一次返回歐洲，但仍然不斷往返中非，直到一九六五年逝世那年為止。他尊重生命的哲學和在非洲的身體力行，使他獲得一九五二年諾貝爾和平獎。

前面引述史懷哲的話，第一句是他對人類社會的觀察，由於物質文明進步而導致人類社會不停追求物慾，慢慢放棄了啟蒙時期尊重生命的倫理基礎，趨向墮落，因此他對這種現實感到悲觀。他的心願和希望是人類有一個更新的有深度的文藝復興和人道啟蒙，他期盼人類對自己在宇宙中的生存有更深的醒覺。這種對真理的信賴，使他樂觀。人生的悲觀是事與願違，人生的樂觀是心中對真理和願望的永不放棄。

做事的人和坐享其成的人

「世界上有兩種人，一種是做事的人，一種是坐享其成的人。若有辦法，盡量做第一種人，那裏的競爭比較少。」

——美國銀行家莫羅

莫羅（Dwight Morrow），生於一八七三年，死於一九三一年。

莫羅是二十世紀美國著名的律師、銀行家、外交家和從政人士。

早年是摩根大通銀行的合夥人，一九二七年至一九三〇年擔任美國駐墨西哥大使，一九三〇年當選美國新澤西州參議員。

上述這段話出自一個從事許多年的實務工作者的人生觀察。在任何職場或官場，確實可以看到有些人是做事的，而有些人是愛把工作推給別人而想坐享其成的。但你會發現，做事的人就是埋頭做事而已，動機單純，精力都用在要做的事情上。但想坐享其成的人，卻會捲入許多辦公室政治，捲進權力鬥爭，每天都忙於勾心鬥角，其實很費神費精力而且容易與人交惡。

因此，莫羅勸諭，做人還是做第一種人比較好。不要認為做多了吃虧，實際上是精神上較輕鬆，少卻許多人事上的煩惱。話雖如此，但現實世界的職場或官場，仍然有許多人熱衷權力，把人事鬥爭放在第一位，雖自討苦吃，卻樂此不疲。

忘記罪惡等於縱容罪惡

「忘記罪惡，尤其是忘記政府政黨之類的集體罪惡，罪惡一定會再來，再來到自己身上，或後人的身上。我們必須保持對集體罪惡的記憶。」

——台灣作家柏楊

柏楊，生於一九二〇年，死於二〇〇八年。原名郭定生，後改名郭衣洞。

一九四九年移居台灣，在台灣發表小說、雜文、歷史論述無數，被稱為台灣的魯迅。一九六七年因翻譯《大力水手》漫畫，被指為對蔣介石父子的暗諷，以「共產黨間諜」及「打擊國家領導中心」的罪名逮捕，囚禁九年多，出獄後譯寫《柏楊版資治通鑑》，並積極推動人權事務，一九九四年擔任國際特赦組織台灣分會創會會長。

柏楊對台灣白色恐怖時期有自己親身感受，對於世人在悲劇和集體罪惡過後，因時間的清洗而逐漸遺忘，他有痛切的認識。人類歷史有過無數殘暴政權對人民的壓迫殘害，但類似的悲劇卻一再重複，原因就是人類的善忘。捷克作家昆德拉說：「人類對抗權力的鬥爭，就是記憶與遺忘的鬥爭。」上世紀九十年代在美國華盛頓為納粹屠殺猶太人而建立的「浩劫博物館」，創立者在博物館落成儀式致辭說：「遺忘，就意味着將受害者再殺害一次。我們沒能阻止他們第一次被殺害，我們絕不能容忍他們被殺害第二次。」因此，遺忘集體罪惡，等於對受害者再害一次，也等於縱容同樣的罪惡再一次到來，不一定在你身上，卻可能在後人身上。

各人應當自己救自己

「一個人只能為別人引路，不能代替他們走路。各人應當救出自己。」

——法國作家羅曼・羅蘭

羅曼・羅蘭（Romain Rolland）生於一八六六年，死於一九四四年。

羅曼・羅蘭是二十世紀法國著名作家、音樂評論家，一九一五年的諾貝爾文學獎得主。他寫過三部他心目中的「英雄」傳記：《貝多芬傳》（一九〇三年），《米開朗琪羅傳》（一九〇六年），《托爾斯泰傳》（一九一一年）。長篇小說《約翰·克利斯朵夫》(*Jean-Christophe*)就是以貝多芬作為小說主人公的原型創作的。

年輕人常常會崇拜一些學者、作家、名人，或尊他們為青年導師。而一些社會名人又常常對青年人指手畫腳，教青年人這樣那樣，走這條路那條路。上引羅曼·羅蘭這段話告訴我們，每一個人的路都是自己走出來的，每一個人的困境都要自己去救。除了你自己，沒有人可以救你。青年人崇拜的偶像、名人，即使他們是真心為青年人着想，他們的經驗也只能為青年人提供一些心得或方向，不能代替青年人自己走路。

魯迅在九十年前就寫過《導師》一文，說「凡自以為識路者，總過了（三十）『而立』之年，灰色可掬了，老態可掬了，圓穩而已，自己卻誤以為識路。……青年又何須尋那掛着金字招牌的導師呢？不如尋朋友，聯合起來，同向着似乎可以生存的方向走。你們所多的是生力，遇見深林，可以闢成平地的，遇見曠野，可以栽種樹木的，遇見沙漠，可以開掘井泉的。問甚麼荊棘塞途的老路，尋甚麼烏煙瘴氣的導師！」

每一個人都該為自己的行為負責，要相信年輕人，他們會為自己設想。

志願和生活是兩回事

「人是不能要怎樣就怎樣的。志願和生活根本是兩回事。最要緊是不要灰心，繼續抱住志願，繼續活下去。其餘的就不由我們作主了。」

——法國作家羅曼．羅蘭

人應該有志願，有理想，有追求；然而現實卻往往讓人在追求理想中碰壁。許多人都會在碰壁後感到灰心，覺得還是不要追求難以實現的理想了，現實一點，放棄理想跟從世俗去隨波逐流好了。

人在年輕時通常都有正義感，對不公平的事無法接受並奮起抗爭；然而，不公平在世界上是太普遍了，甚至可以說，世界本來就不公平。在這種情形下，許多人就放棄了對正義的堅持，放棄抗爭，終於人云亦云，沒有自主意識了。

羅曼羅蘭這段話告訴我們，志願和生活根本是兩回事，也就是說，志願是志願，生活是生活，在現有生活中要實現志願縱非不可能，至少也是極不容易。人類社會基本上是醜惡的，堅持正義而敵不過社會的醜惡，不僅是常有的事，而且近乎必然。明白了這一點，就面臨你要不要放棄志願，要不要堅持正義的問題了。一個忠於自己的人，抱住志願不是因為它容易實現，而是這才有人生的目標；堅持正義不是因為它會贏，而是因為它是你所相信的對的一方。忠於自己，可由自己作主；後效與結果，則不是我們可以決定的，因此不能要求由我們作主。

人民不是國家的奴隸

「國家是為人而設立的，而人不是為國家而生存；國家應是我們的僕從，而我們不應該是國家的奴隸。」

——科學家愛因斯坦

愛因斯坦（Albert Einstein），生於一八七九年，死於一九五五年。

愛因斯坦是德國猶太裔人，是二十世紀最偉大的科學家，創立了現代物理學的兩大支柱之一的相對論。他在科學哲學領域頗具影響力。

希特拉於一九三三年開始掌權成為德國總理之時，愛因斯坦正在走訪美國。由於他是猶太裔人，他沒有返回德國，隨後成為美國公民。

國家是甚麼？根據馬列主義的解釋，國家是階級統治的工具。根據普世的定義，國家由三個元素組成：土地、人民、主權。三元素中的主權，因不同政制而有不同解釋。

專權政治的國家主權屬於由打江山而奪得政權者；民主國家則是經由人民投票而產生定期執政者，是所謂主權在民。

美國有一部影片《驚殺大陰謀》（*The Conspirator*），講林肯被刺殺後抓到一名開設旅舍的寡婦，懷疑是同謀者，當時正是南北戰爭結束不久，社會主流聲音認為應從重從快把所有兇嫌和同謀者判死刑。一位年輕的律師愛肯，堅持為這個同謀者辯護，執着於必須要有一個公正的審判，不能因全國輿情或為了穩定社會的政治需要而把一個證據不足、可能無辜的人處死。有人對愛肯說，如果不迅速判死，無法遏制南方的暴力，國家都無法存在，還講甚麼法律。愛肯的回答是，如果沒有了憲法保障的人民權利，這國家的存在有何意義。

這是最能說明主權在民含義的故事。上引的愛因斯坦那段話，清晰說明主權在民的觀念。

言論自由是「肯定的善」

「出版自由本身就是思想的體現、自由的體現，就是肯定的善。」

——德國哲學家馬克思

馬克思（Karl Marx），生於一八一八年，死於一八八三年。

馬克思是共產主義理論的祖師爺。他是猶太裔德國哲學家、經濟學家、社會學家、政治學家、革命社會主義者。他一生出版了大量著作，其中最著名的有《共產黨宣言》和《資本論》。

在共產主義僅有理論而還沒有掌權的時期，馬克思非常重視出版自由。他那個時代的出版自由，主要指新聞自由和出版書刊的自由。他寫過許多文章反對普魯士的書報檢查制度。他認為出版自由是一切自由之首，「沒有出版自由，其他一切自由都是泡影」，並寫了前面引述的句子。

馬克思認為，「書報檢查制度使政府只聽見自己的聲音，它也知道它聽見的只是自己的聲音，但是它卻欺騙自己，似乎聽見的是人民的聲音，而且要求人民擁護這種自我欺騙」。他說，「你們讚美大自然令人賞心悅目的千姿百態和無窮無盡的豐富寶藏，你們並不要求玫瑰花散發出和紫羅蘭一樣的芳香，但你們為甚麼卻要求世界上最豐富的東西——精神，只能有一種存在形式呢……只准產生一種色彩，就是官方的色彩呢？」

如果出版自由是肯定的善，那麼壓制出版自由和言論自由就是肯定的惡了。

作為文明基礎的身份認同

「如果種族認同成為一個國家的原則或是檢驗公民的標準，將會觸犯人權，威脅我們文明的基礎。」

——國際投資家索羅斯

索羅斯（George Soros），生於一九三〇年。是匈牙利出生的美籍猶太裔商人，著名的貨幣投機家，股票投資者，政治行動主義分子和慈善家，用金融市場來實踐自身的哲學理念。

世界上許多人都尋找或談論身份認同問題。奧斯卡獲最佳女配角獎的《丹麥女孩》，講的是一個變性故事——從男性通過變性手術而成為女性，也從男性身份認同轉到女性身份認同。有一本叫《背離親緣》的書，講一些父母生下的孩子，沒有從垂直血緣遺傳到相同的外形、能力、智商或性向，正常父母生下聾人後代、侏儒女兒、唐氏寶寶，或自閉症、殘障後代，他們無法從親緣獲得「垂直身份」的認同，很多人必須從與他同類型的同伴之間尋找「水平身份」的認同。

索羅斯講的是種族認同與國籍認同的關係。由於現代交通越來越發達，地球上不同種族的交往越來越頻繁，所以許多國家都融入不同的種族，像美國更是種族大熔爐。在這種人類文明發展的大趨勢之下，一個國家必須以護照等法律文件作為檢定國籍的唯一準則。

如果以種族認同來替代法律文件，認為持外國護照的人因種族而首先是自己國家的公民，那就觸犯了人權，也威脅人類文明必須建立在法律規範下的基礎。

人血饅頭的啟示

「會覺得死屍的沉重，不願抱持的民族裏，先烈的『死』是後人『生』的唯一靈藥，但倘在不再覺得沉重的民族裏，卻不過是壓得一同淪滅的東西。」

——中國文豪魯迅

魯迅這段話似乎有點難懂。也許我們可以從他的小說《藥》看到端倪。

《藥》寫於一九一九年。作者以一九〇七年民主革命家秋瑾起

義為小說的立意。革命者流血犧牲，無知百姓華老栓為了給兒子治癆病而花錢買刑場上沾滿鮮血的人血饅頭。茶館中人對革命者無知和冷漠，對劊子手康大叔畢恭畢敬；對革命者挨牢頭打，幸災樂禍；革命者對牢頭說「可憐可憐」，茶館中人的回應是「打了這種東西，有甚麼可憐呢？」後來知道他說的是牢頭「可憐」，於是紛紛說「瘋了」。

革命者為救國救民被殺害，民眾麻木不仁。他們的鮮血反被迷信的百姓買來做人血饅頭去醫治癆病。因此，魯迅認為，先烈的犧牲，必須是民眾覺得死屍沉重、不願抱持才有意義，這樣的死才會帶給後人生的救贖。如果是愚昧無知冷漠殘酷的民族，先烈的犧牲他們不覺得沉重，反而搶着去買犧牲者受刑時沾上人血的饅頭去治病，那麼民族就同先烈之死一同淪滅。《藥》的終局是墳場上兩座並排的墳：革命者的墳和吃了他的人血饅頭而沒有把病治癒的華小栓的墳。革命者與不覺得死屍沉重的民眾都被「壓得一同淪滅」了。

魯迅這段話的深意是，必須喚醒民眾，使他們擺脫無知與冷漠，這樣烈士的犧牲才會換來民族的救贖。

自我修補錯誤的能力

「美國之偉大不在於她比其他國家更為聰明，而在於她有更多能力修補自己犯下的錯誤。」

——法國歷史學家托克維爾

托克維爾（Alexis-Charles-Henri Clérel de Tocqueville），生於一八〇五年，死於一八五九年。法國政治社會學家、政治思想家及歷史學家。他在十九世紀初期長時間遊歷美國後，寫成最知名的著作《民主在美國》，探討了西方社會中民主、平等與自由之間的關係，並檢視平等觀念的崛起在個人與社會之間產生的摩擦。

二〇一六年獲得奧斯卡最佳影片獎的，是根據真人實事拍成的《焦點追擊》（*Spotlight*）。

這部片描述二〇〇一年《波士頓環球報》對當地天主教神父性侵兒童的追查與報道。阻止對這項醜聞的採訪和報道有大堆理由：天主教信徒是很大的社群，揭露這樣的醜聞會嚴重傷害作為「上帝代言人」的神父形象，甚而動搖穩定社會的信仰基石；這是一個被雪藏很久的案子，過去報紙都放棄追查了，為甚麼現在要重新接手這個燙手山芋？許多有關性侵的案件都庭外和解了，何必再去翻舊賬？新任總編輯是外地請來的，他任滿會離開此地，他只求工作表現，對這個城市沒有責任，報紙老闆和員工是否應聽他擺佈？再說，二〇〇一年發生九一一恐襲事件，公眾哪裏還會關注性侵這樁陳年舊事？這時候還要去追查嗎？

包括政府官員和法庭、教會內外勢力都理由充份地對《環球報》採訪團隊施壓，而堅持要去做的只有一個理由，就是新聞工作者的良知和對新聞自由的堅定信仰。採訪團隊頂住壓力，深入調查，揭發醜聞。

新聞自由、言論自由幾乎淩駕一切，正是美國有能力修補所有錯誤的主要原因。

我們是思考的生命

「我們活着因為我們有生命。我們思考，是因為我們是會思考的生命。思考不會產生實用的智慧；思考無法解決宇宙之謎；思考不會賦予我們行動的力量。思考是一門孤獨的行業。」

——德國哲學家海德格

海德格（Martin Heidegger），生於一八八九年，死於一九七六年，德國哲學家，被譽為近代最偉大哲學家之一。他在現象學、存在主義、解構主義、後現代主義、政治理論、心理學及神學都有舉足輕重的影響。

人活着是因為有生命，但不是一般動植物的生命，而是一個會思考的生命。思考不是要有特殊的智慧，不是要你解決宇宙之謎，思考不會給人行動的力量。思考主要是因為人是會思考的生命，因此不能放棄思考去隨波逐流。在參與任何行動前只要想一想，就會抑制惡行。但多數人不去思考，願意追隨主流意見，於是產生最大規模、最多人參與的平凡的邪惡行為。

海德格在上述那段話中，表示人既是會思考的生命，就不能放棄思考，把自己的思考付託給掌權者。他指的不是艱深問題的思考，而只是常人的思考，是同理心的思考，是設身處地站在他人地位的普通的思考。

海德格的學生、哲學家漢娜·鄂蘭（Hannah Arendt），寫過一本關於納粹戰犯的書，這個戰犯執行屠殺猶太人的暴行，但他完全是一個正常的人，只因為他是一個缺乏思考的平凡人，為了執行命令就做出最大的邪惡行為。鄂蘭稱之為「平凡的邪惡」。

審美帶來的滿足和創意

「審美所帶來的滿足是排除利害關係、自由且獨一無二的滿足；因為那當中沒有任何迫使人去迎合的利益——無論是感官或理性的利益。」

——德國哲學家康德

康德（Immanuel Kant）生於一七二四年，死於一八〇四年，是啟蒙時期著名的德意志哲學家，德國古典哲學的創始人，其學說深深影響近代西方哲學。

美和美的欣賞，對美的感覺，是人類獨有而其他動物所無的。日本明治時代的美術評論家岡倉天心說過：當原始人第一次替他的女伴戴上花環，他便跨越了野蠻人的階段。透過這個舉動，他被提升到自然的基本需求之上，他變成了人。領會到這一切無用的妙用，使他進入了藝術的王國。花和花環，對於人類以外的動物來說，是完全無用的東西。欣賞花的美，在人類世界才會有。動物的兩性關係純屬生理需要，不會有向異性戴上花環這種無意義的動作。當產生了這個動作，就意味人類跨越了野蠻人階段，變成了有超越自然的基本需要之上的文明人。

因此，康德表示，審美帶來的滿足應該是不涉利害的自由的滿足，美的欣賞與人類自然需求，如食物、溫暖等有實用價值的需求無關，是不含實際利益的，可以視美為無用的東西。但是，審美能夠激發創意。無論從對大自然的審美，還是對藝術品的審美，都能啟發創意。因此，幾乎所有的發明家、科學家都喜歡藝術。正是這種無用的審美，帶來許多有用的發明創造。

人的價值在於努力的過程

「人的價值不在於他所擁有或試圖擁有的真理，而在於他為求真理認真付出的努力。人類追求完美的力量，並不會因為他的所有而增加，只能透過他對真理的追求而提升。」

——英國作家萊辛

多麗絲．萊辛（Doris Lessing），生於一九一九年，逝於二〇一三年。

萊辛是英國女作家，代表作有《金色筆記》（*The Golden Notebook*）等，二〇〇七年八十八歲時獲諾貝爾文學獎，是迄今為止獲獎時最年長的女性諾貝爾獲獎者。獲獎理由是：她以懷疑主義、激情和想像力審視一個分裂的文明，登上了這方面女性體驗的史詩巔峰。

上面引述她的這段話，意思是人的所有努力或追求，重要的不是結果而是過程。即使沒有因追求而擁有真理，或沒有因追求而創出完美的文藝作品，但付出努力的本身就體現了人的價值，以及體現了人的力量。

因此，作為一個有為的人，不必斤斤計較成果，最重要是不問結果只問耕耘的付出和努力。努力的過程就體現了一個人的完美一生。

「大人物」和真正偉人

「有一種大人物使所有的人都覺得自己很渺小；然而真正偉大的人卻會使所有的人都覺得自己很偉大。」

——英國作家切斯特頓

切斯特頓（Gilbert Keith Chesterton, 1874-1936），英國作家、文學評論者以及神學家。英國文學史上少有的博學大師，他思想深邃，視野宏闊，文筆機俏，風格奇異，長於在尋常瑣事中發驚世之絕響。他熱愛推理小說，不但致力於推廣，更親自撰寫推理小說，所創造最著名的角色是「布朗神父」，首創以犯罪心理學方式推理案情，與福爾摩斯注重物證推理的派別分庭抗禮。

在所謂「大人物」的統治下，人民仰望「大人物」，膜拜「大人物」，覺得自己很渺小；這些「大人物」其實都是專權政治的獨裁者。而在民主體制的真正偉人領導下，社會每一個人可以發揮自己的潛力，人人覺得自己可以很偉大，相反人民都覺得領導者是平凡人，人民甚至不念領導者過去的貢獻，只要領導者施政不合他們的意，就把他趕下台。正如邱吉爾引述古羅馬作家的話：「對政治人物無情，是偉大民族的標誌。」真正偉人不是成就自己，而是締造一個偉大民族。

這段話清晰界別了所謂「大人物」和真正偉人的分野。

人生要以自己為對手

「不要以別人為對手，要以自己為對手，這是一個人轉危為機的關鍵。」

——日本漫畫家弘兼憲史

弘兼憲史和他的太太柴門文，都是日本著名的漫畫家，柴門文的漫畫《東京愛的故事》、《愛情白皮書》因拍成電視劇而紅遍一時。弘兼憲史的成名作就有《人間交叉點》、《課長島耕作》、《部長島耕作》等。

日本最近二十年都處於經濟低迷中，許多人遭遇生命中的危機與逆境。一九九九年十月，弘兼憲史寫了一本書，書名叫《危機就是轉機》，副題是「自己創造奇蹟的五十個法則」。

弘兼憲史在書中表示，面對逆境，面對快速變化而對未來缺乏安全感的時代，有三個最基本的生存方式和思考方式，就是：一，不拿自己和別人比較；二，不論做甚麼都快快樂樂去做；三，「啊，算了吧」，凡事看開一點，樂觀一點。三個法則中，又以「不拿自己和別人比較」最重要。許多人之所以不快樂，覺得身處逆境而不知如何翻身，實際上不是真正過不下去，只是與他人比較覺得不如人而氣餒。

弘兼憲史在《危機就是轉機》一書說出最重要的人生哲理，就是這裏引錄的話。俗語說「人比人，比死人」，老是跟別人比，不僅會氣餒而且也是沒有出息的，因為即使你比贏別人，也不等於自己有甚麼成就。人最重要的是以自己作對手，要突破自己的過去，突破自己的往績，不斷提升自己，這不僅可以讓自己轉危為機，而且使自己不斷地更上層樓，這才是進取的人生。

非暴力主義

「非暴力意味着人可能有的完全的自我純潔化。一個不使用暴力者所掌握的力量總是大於假如他使用暴力所擁有的力量。非暴力決不會被打敗。」

——印度聖雄甘地

甘地（Mohandas Karamchand Gandhi），人們尊稱他為聖雄，他在二十世紀上半葉以「非暴力主義」的抗爭方式，帶領印度脫離英國殖民統治，邁向獨立。

甘地的非暴力主義，是一種社會政治哲學。甘地試圖用它來解決社會政治的各種矛盾與紛爭，解決人與人、團體與團體、民族與民族之間的爭端與衝突。這種非暴力哲學既繼承了印度傳統宗教與倫理學說，又吸收了許多西方現代政治哲學和人道主義思想，可以說是一種東西方思想的融會。

甘地深信人的本性是善的，神性就在你的心中，因此他才主張通過非暴力的手段，即愛的方式，去感化和喚醒人的內在善性，從而使惡人改惡從善，使犯錯誤者改邪歸正。這是前面引述的第一句。

甘地強調「非暴力」的鬥爭絕不是弱者的行為。非暴力代表的是強大，而暴力在本質上才是虛弱的表現。一個心理虛弱、缺乏正義的人，才具有恐懼感，才會採用暴力的方法去對待別人。相反，只有一個正義在身，視死如歸的人，才敢於運用非暴力或「堅持真理」的方法，去戰勝一切邪惡。真正的強大不是暴力，而是非暴力。這是上引的第二句的意思。

甘地主張這種「堅持真理」原則是永恆的和戰無不勝的。「這種力量對於一切暴力、專制、非正義來說，就像是光明對待黑暗一樣。」這是上引第三句的意思。

「勿以暴抗惡」是不道德的

「托爾斯泰的思想也許是最高尚的哲學，最偉大的利他主義，不過這種思想對生活來說卻不適用。有成千累萬的事例表明人們必須用侮辱來回報侮辱，不能不這樣回報。到處都有為了個人的神聖權利的奮鬥；如果不要這種奮鬥，那就是不道德。」

——俄國作家契訶夫

契訶夫（Anton Chekhov）生於一八六〇年，死於一九〇四年，是世界級的短篇小說巨匠和有重大影響的劇作家。他注重描寫俄國人民的日常生活，塑造具有典型性格的小人物，忠實反映出當時俄國的社會現況。

以上是他在「契訶夫札記」中提到對托爾斯泰思想的批評。

托爾斯泰是十九世紀末對世界有極大影響的作家，他在小說中宣揚基督教的愛與寬恕，宣揚「勿以暴抗惡」思想，力主和平主義，鼓勵印度人用「愛的原則」拯救自己，他自己也在後來過苦行禁慾的生活。這種高尚的利他主義當時很受推崇。

但作為托爾斯泰朋友的契訶夫卻從現實生活經驗提出異議。他認為人應該為個人的神聖權利抗爭，「勿以暴抗惡」思想若意味着要人們放棄抗爭，表面看來偉大，但實際上是不道德的。

《論語》中孔子被問到可否「以德報怨」？孔子說：「何以報德？以直報怨，以德報德。」契訶夫想法與孔子相同。

人類最普遍的煩惱

「希望好像一個家庭，沒有它，你會覺得生活乏味；有了它，你又覺得天天為它辛勞，是一種煩惱。」

——美國作家馬克吐溫

人類最普遍的煩惱是甚麼？馬克吐溫說，一是希望，二是家庭。馬克．吐溫（Mark Twain, 1835-1910）是十九世紀美國作家，著名的幽默大師。

任何人的一生總有過許多希望。如果一個人甚麼希望都沒有，那麼活着可以說是完全沒有味道，每天如行屍走肉過日子。

所以希望不能沒有，而且是人人都會有的。人為了實現希望，會不惜作種種努力，辛勞追逐，而絕大部份的希望卻是很難實現的，又或者是實現了一些，而更大的希望仍在辛苦追求中。家庭也一樣，沒有家庭的人都想成家，因為一個人生活會感到孤獨乏味，但有了家庭，就有了家庭負擔，不能不天天為家庭而辛勞。

有希望就有煩惱，正如有家庭也就有煩惱一樣。即使絕望，其實也是希望的一種，如果沒有希望也就沒有絕望。因此人類生活不能擺脫「希望」這種煩惱。現代社會許多人選擇單身，沒有家庭就沒有煩惱嗎？也仍然是有「沒有家庭」這種煩惱的。也許希望和家庭就像錢鍾書寫的《圍城》那樣，在城裏的人想到城外去；在城外的人想到城裏來。有希望或絕望的人，與有沒有家庭的人，也是這樣。這是人類最普遍的煩惱。

事實如此和應當如此

「我們的科學再有多大成就，也只能說某個東西是如此如此的，不能夠說應當如此或不應當如此。」

——科學家愛因斯坦

愛因斯坦（Albert Einstein），生於一八七九年，死於一九五五年，二十世紀最偉大的理論物理學家。他卓越的科學成就和原創性使得「愛因斯坦」一詞成為「天才」的同義詞。

希特拉於一九三三年開始掌權時，愛因斯坦正在走訪美國。由於他是猶太裔人，所以沒有返回德國。一九四〇年，他定居美國，隨後成為美國公民。在二次大戰前夕，他在一封寫給美國總統羅斯福的信裏署名，提到德國可能發展出一種新式且深具威力的炸彈，因此建議美國也盡早進行相關研究，美國因此開啟了曼哈頓計劃。愛因斯坦支持增強同盟國的武力，但譴責將當時新發現的核分裂用於武器用途的想法，後來愛因斯坦與哲學家羅素共同簽署《羅素—愛因斯坦宣言》，強調核武器的危險性。

愛因斯坦總共發表了三百多篇科學論文和一百五十篇非科學作品。他的非科學文章也充滿了睿智。以上這段話是他科學精神的基礎。科學的任何成就，都只是找出已有的事實真相，即事情是如此如此；但社會科學著作，無論是理想國，烏托邦，或社會主義共產主義的提出，所講的都是人類應當如何。愛因斯坦這段話所針對的，是指導人類未來應當如何走向的思潮，他認為這些絕非科學。

有理無心的世界

「如果我們在世界裏有了知識而不能了解，有了批評而不能欣賞，有了美而沒有愛，有了真理而缺乏熱情，有了公義而缺乏慈悲，有了禮貌而無溫暖的心，這種世界將成為一個多麼可憐的世界啊！」

——中國現代文學家林語堂

林語堂，生於一八九五年，死於一九七六年。

他是中國現代傑出的文學家、翻譯家。他有紮實的中國古典文學根底，又有很高的英文造詣；此外，他還致力於現代白話文的研究推廣，並對其作出了獨特貢獻。他一生留下了數量多和涉獵廣的中英文著作。

以上一段話所講的主要是人的感情，即一個人不但要有腦，而且要有心。頭腦裝進知識，如果沒有自己的思想去吸納，對一件作品會批評卻不能用心去欣賞，美的東西如果不能使人產生感性的愛慕；如果真理是冷冰冰的條文，而不能激發熱情；如果事事訴諸公義但沒有慈悲心，人人彬彬有禮卻不是以心相處相交。他認為這就是一個冷漠的世界，一個多麼可憐的世界。

以暴易暴

「不管誰運用了暴力贏得了權力，他必須運用暴力去維護權力。那些被教導運用暴力的人不可能放棄暴力。在我們國家，爭取自由的鬥爭曾經聚焦在權力層面而不是創造公民社會。因此他最終導向集中營。」

——波蘭思想家米奇尼克

米奇尼克（Adam 'Mixnik）生於一九四六年。

米奇尼克是波蘭思想家，有「反對派運動設計者」、「共產時代異議人士」、「傳奇的當代思想家」之稱，因推動前波蘭民主化進程，曾多次被前共產黨當局關押。其政治代表作是《通往公民社會》一書。

用暴力贏得政權，通常指經過革命戰爭，戰爭要贏，不可缺少的是軍隊的絕對服從性，軍隊執行命令沒有民主商討的餘地。軍隊就是使用暴力，就是強制性。因此用暴力取得政權者，除非立即進行民主普選，建立民主體制，而領導革命戰爭的領袖也能夠在民選後不再尋求連任，就像美國開國元勳華盛頓那樣，否則即使講得如何開明，只要沒有擺脫軍政體制，那些由軍人而轉為從政官員，就仍然不會忘記和放下軍隊的暴力傳統，不會放棄暴力，因而暴力革命幾乎一定導致以暴易暴。爭取自由，在民主國家是創建公民社會，在暴力統治國家則是把爭取自由者送去集中營。

忠實於自己

「必須對你自己忠實，正如有了白晝才有黑夜一樣，對自己忠實才不會對別人欺詐。」

——英國文豪莎士比亞

莎士比亞（William Shakespeare），生於一五六四年，死於一六一六年。眾所周知的大文豪，偉大劇作家。

他的劇作，有許多警世名言，上述是其中一句。

許多人會認為，對自己忠實，是應有之義，有誰會欺騙自己呢？

忠實於自己似乎是人人都可以做到的。但其實不然。即使是很聰明的人，也往往沒有自知之明，會不自量力去做一些自己不能做到的事。有些人，在周圍人阿諛吹捧下，以為自己真是高人一等，卻往往撞板摔大跤。與自欺相連的，就是欺人。自欺欺人的意思就是拿自己不相信的道理去騙人；又或者先是自己騙自己，然後就躺在高高的自欺之上去欺騙他人。這是社會上常見的現象。

忠實於自己，更應該指忠實於自己的信念，自己的價值觀，自己對事情的是非對錯觀念，而不是因為利益、權力、人情的考慮而扭曲自己的想法、信念去處事。有了對自己不忠實，就會對他人欺詐。任何對他人的欺詐行為，都是先從扭曲自己開始的。

法治的經典定義

「政府只有在取得被統治者的同意，並且保障人民擁有生命、自由和財產的自然權利時，其統治才有正當性；個人可以做任何事情，除非法律禁止；但政府不能做任何事情，除非法律許可。」

——英國政治哲學家洛克

約翰．洛克（John Locke），生於一六三二年，死於一七〇四年。洛克被廣泛視為啟蒙時代最具影響力的思想家和自由主義者。

他的政治哲學理論，對後世西方國家建立民主法治體制產生巨大影響。他的著作影響了伏爾泰和盧梭，以及許多啟蒙運動的思想家和美國開國元勳。他的理論被反映在美國的獨立宣言上。

近年香港很多人講：「法治是香港的核心價值」。但何謂法治？有人認為社會上有違法行為就是挑戰法治。但世界上所有國家都每天有人犯法，卻不影響這些國家是法治國家。而一些極權國家犯罪率低，卻不被認為是法治國家。有人認為，人民有言論自由，掌權者也應該有言論自由。但牛頭角順嫂都可以談論股市，講可不可以買樓，政府官員特別是財經官員卻不能談論股市或叫人買樓。

洛克以上這段話，就是關於法治的重要概括。法治社會的政府需要取得被統治者的同意才有正當性，方式應該就是民主普選。洛克認為，如果缺乏了這種同意，人民就有推翻政府的權利。憲法和法律對人民和政府的權責都有規定。除了法律禁止的事情外，人民可以做任何事。但政府除了法律規定許可的之外，不能做任何事，因為要防止掌權者濫權。用這個標準去審視所有國家，就可以看到真法治還是假法治。

發展的目的是自由

「自由是促進發展的重要手段，而且更重要的是，自由根本就是發展的目的。」

——諾貝爾經濟獎得主阿瑪蒂亞．森

阿瑪蒂亞．森（Amartya Sen），生於一九三三年。

阿瑪蒂亞．森以對福利經濟學貢獻，獲一九九八年諾貝爾經濟學獎。他出生在英屬印度西孟加拉邦。一九五九年在劍橋大學三一學院獲得博士學位。四年後回到印度，曾在加爾各答、德里任教。

後來又在英國牛津和美國哈佛大學擔任經濟學教授。一九九八年，他到劍橋大學任三一學院院長。

許多人都認為，自由是促進經濟發展的重要手段，但也有人認為，專權政治對於發展經濟更有效率，因為省卻社會的許多爭拗，沒有國會的節制，也沒有言論自由的監督。阿瑪蒂亞．森提出更重要的觀點，就是發展的目的並非追求經濟增長的數字，而是有更根本的目的，就是自由。也就是說，物質豐盛不是人類社會發展的目的；能夠使社會上更多的人更加自由，才會使社會人群更感滿足。因此，發展的目的是自由。

美國前總統甘迺迪說過：「沒有社會進步的經濟發展，只能使大多數人繼續貧困而讓少數特權者牟取暴利。」以專權政治去推動發展，以權貴資本主義去促進經濟成長，並不是社會的進步。社會進步的體現在是否有更多人得到更大自由。

相對論淺解

「當你和一個漂亮女孩子坐在一起兩個小時，感覺上好像只有兩分鐘；但如果坐上熱火爐被烤兩分鐘，感覺上好像有兩個小時。這就是『相對論』。」

——科學家愛因斯坦

愛因斯坦（Albert Einstein）生於一八七九年，死於一九五五年。

愛因斯坦創立了現代物理學的兩大支柱之一的相對論，被譽為現代物理學之父及二十世紀世界最重要科學家。愛因斯坦獲授予一九二一年諾貝爾物理學獎。在瑞典科學院的公告中並未提及相對論，原因是當時相對論仍舊存在爭議。

愛因斯坦為人和藹友善，謙虛卻又特立獨行，他有時會講講笑話，並愛好帆船運動和拉小提琴。他還是個心不在焉的教授，經常丟三落四，專心於思考物理問題而忽視周圍世界。

他創立的狹義相對論和廣義相對論，就科學理論方面，不是人人能夠理解的。但他用講笑話的方式來解釋相對論，卻人人能夠明白，而且也可以聯繫到生活現實。他講的是人在感覺上的時間，和真正的時間，存在相對性的落差極大。而這也可以聯繫到我們的生活，許多時候，我們憑感覺而產生的意念是不真實的。真實的時間，究竟是兩分鐘還是兩小時，應該排除我們的感覺去計算和面對。人生的許多方面也都應該如此。

變革是發展的機會

「抗拒變革源自於無知及對未來世界的恐懼。大家必須把變革視為機會，才不會恐懼。」

——奧地利管理學大師杜拉克

彼得．杜拉克（Peter Ferdinand Drucker），生於一九〇九年，死於二〇〇五年。

杜拉克是奧地利出生的作家、管理顧問、大學教授，他專注於寫作有關管理學範疇的文章，「知識工作者」一詞經由杜拉克的作品而廣為人知。他催生了管理這門學問，他同時預測知識經濟時代的到來，被譽為「現代管理學之父」。

變，是人類社會進步的常規，而不變，則是社會保守勢力的固執。通常上了年紀尤其是已有一定事業基礎的人，都不想變，一來是受自己的舊經驗所束縛，以為繼續沿用無往不利，二來是對變革會帶來的未知世界感恐懼。而年輕和沒有事業基礎的人就會追求變革，因為不變他們就沒有機會，變革才有機會。

但世界是屬於未來的，屬於年輕一代的。一百多年前的一八九六年，滿清維新派領袖、二十三歲的梁啟超在《時務報》上連載一組政論文章，總題叫《變法通議》，使《時務報》在眾多報刊中脱穎而出，成為當時影響最大的維新派刊物，梁啟超本人也因此得到了「輿論之驕子，天縱之文豪」的美譽。文章最動人的一段是：「法者天下之公器也，變者天下之公理也。大地既通，萬國蒸蒸，日趨於上，大勢相迫，非可閼制。變亦變，不變亦變。變而變者，變之權操諸己，可以保國，可以保種，可以保教；不變而變者，變之權讓諸人，束縛之，馳驟之。嗚呼！則非吾之所敢言矣。」可惜年輕梁啟超的求變，敵不過怕變的保守勢力，使戊戌變法以失敗告終。

權力的施與受

「發號施令或服從，都一樣。」

——法國作家沙特

尚．保羅．沙特（Jean-Paul Sartre）生於一九〇五年，死於一九八〇年。

沙特是著名法國哲學家、作家、劇作家、小說家、政治活動家，存在主義哲學大師及二戰後存在主義思潮的領軍人物，被譽為二十世紀最重要的哲學家之一。其代表作《存在與虛無》是存在主義的巔峰作品。儘管曾經親蘇，親毛澤東，痛斥過資產階級作風，但沙特本質上是個反抗權力的自由主義者。

上引這句話極簡單。意思明白，但真正含義卻值得咀嚼。「發號施令」者，與「服從」者，字面意義是指居於對立地位的人。前者是用權者，後者是遵從權力者。後者若是奴隸，前者就是奴隸主。怎麼可以說是「一樣」呢？沙特這樣說的含義是，奴役或驅使他人的人，其實與被奴役的人一樣，都不是自由人。壓制其他民族者，也不是自由的民族。美國十九世紀廢除奴隸主義運動的傑出演說家道格拉斯 (Fredrick Douglass) 說過：「任何用鎖鏈鎖住自己同胞的人，最終都會發現，鎖鏈的另一頭鎖住的是自己的脖子。」他的意思與沙特說的相似，你用鎖鏈鎖住他人，你自己也被鎖鏈困住，所以等於鎖住自己。不過，沙特的話說得更簡單明瞭，不僅指奴隸主與奴隸，而且指向所有的發號施令者與服從者，他們都被「施與受」的權力束縛，因此都不是自由人。

政府狡詐，人民惟自保

「任何政府都具有某些人類弱點……他們的狡詐遲早會被發現。在此情況下，民眾只有自己保護自己。」

——美國開國元勳傑佛遜

傑佛遜（Thomas Jefferson），生於一七四八年，死於一八二六年。

傑佛遜是美國第三任總統（1801-1809年），同時也是《美國獨立宣言》主要起草人，及美國開國元勳中最具影響力者之一。當總統前，曾任州長、國務卿、副總統，一生從政，也是農業學、園藝學、建築學、詞源學、考古學、數學、密碼學、測量學與古生物學等學科的專家；又身兼作家、律師與小提琴手。許多人認為他是歷任美國總統中，智慧最高者。

長期從政並任政府最高層，傑佛遜深知道從政者和所有人一樣，都有人性的弱點。由於握有權力，幾乎難以避免會狡詐。而種種狡詐哪怕隱藏得再好，也遲早會被發現。在這種情況下，政府要自保就顧不得人民權益，人民更無法祈求政府保護他們。許多時候，民眾只有自己保護自己。

這是出自一個掌政府大權者的看法。傑佛遜一直擁有權力，卻質疑權力，這是他通透及偉大之處。他一生維護言論自由，他的另一名言是：「如果政府與報紙之間只能有一個存在的話，我會毫不猶豫地選擇後者。」

人的理性在於永遠存疑

「人的理性不在於對原則性的事務永不懷疑，而在於永遠存疑；不在於固執著名的公理，而在於不把任何事務視為理所當然。」

——英國哲學家賴爾

賴爾（Gilbert Ryle），生於一九〇〇年，死於一九七六年。

賴爾是英國哲學家，創建日常語言哲學牛津學派。主要理論是認為在哲學的性質和方法論方面，日常語言中有許多語句由於其文法形式而引起混亂，哲學的任務就在於，從語言形式中找出錯誤論題和荒謬理論的根源，從而排除哲學命題中的語言混亂。

賴爾生活的時代，戰爭和冷戰使世界產生不少對立的意識形態，社會上各種思潮理論風行。不同陣營的人，篤信他們認為理所當然的理論甚或是教條，不容同一陣營或同路人懷疑。

賴爾認為這違反了人的理性，因為如果沒有了懷疑，就沒有探求，人類社會就不會進步。人類文明的進步都是由於懷疑才導致的。因此，即使被認為是原則性的事務，都要永遠存疑才是理性態度。哪怕已被認為是著名的公理，也不是理所當然的，總有可以懷疑和可以繼續探求的地方。

極權社會通常以無可置疑的理論、教條管治，不容人民對當權者提出的主旋律有任何懷疑。沒有懷疑的社會，扼殺人們的自由思想，扼殺所有創意，因此不可能有真正的社會進步。

每個人的幸福追求都不同

「沒有任何人可以假借眾人福祉之名，強迫我覺得幸福。每個人都有權利追求他喜歡的幸福。」

——德國哲學家康德

康德（Immanuel Kant）生於一七二四年，死於一八〇四年。啟蒙時代德國哲學家，德國古典哲學創始人，其學說深深影響近代西方哲學，並開啟了諸多流派。

這裏引用康德這段話，所指的是一些理想主義者尤其是革命家，往往提出為了追求整個社會、整個國家以至整個人類的福祉，人民應該犧牲他們對當下物質生活的要求，甚或犧牲眼前的幸福。也有革命家提出在一種集體生活之中，人人可以享受「人人為我，我為人人」的幸福。

康德認為這種強迫自己覺得幸福的觀念，是虛假的。每個人有自己喜歡的幸福，有人覺得熱鬧是幸福，有人覺得安寧是幸福；有人覺得婚姻是幸福，有人覺得獨身是幸福。

西方有一句諺語：你的蜜糖，我的毒藥。幸福是每個人自己的感覺和追求，沒有共同標準，沒有別人為你設計的幸福。每個人都有權利追求他喜歡的幸福，才符合人性。

這段話又適用於一些父母對子女的要求，比如父母不接受子女的同性戀取向，或要女兒嫁個有錢人，或強迫子女選擇讀甚麼科目，做甚麼職業，往往是以自己的想法強加在子女身上。說是「為你好」，其實是「你的蜜糖，他的毒藥」，剝奪了子女追求自己喜歡的幸福的權利。

簡單到幾乎是常識的話

「說出真相，並不需要多費唇舌。」

——美國原住民領袖山雷酋長

山雷酋長是美國原住民印第安人內坡舍族的領袖，生於一八四〇年，死於一九〇四年。

山雷酋長原名的內坡舍語的意思是「從山上打下來的雷」，故稱山雷酋長。他的父親曾以基督教名字Joseph受洗，所以山雷又被稱為約瑟夫酋長（Chief Joseph）。山雷曾經帶領他的族群，對美國聯邦政府強迫他們遷移出祖傳土地，作頑強的抵抗，他們面對逆境的戰鬥能力，在他們軍事對手和美國公眾當中獲得廣泛欽佩。

上引這句話，簡單到幾乎可說是人所共知的常識。但現實世界中，就正正有無數事例顯示，許多人都為了不說出真相，隱瞞真相，而費盡唇舌。就以被認為極具政治智慧的美國前總統尼克遜來說，在水門事件被揭發時，如果他勇敢說出真相，坦承過錯，請求人民原諒，事情應該很快落幕，他也不須下台。但他費盡唇舌，隱瞞真相，銷毀證據，掩蓋事實，結果一個謊言掩蓋另一個謊言，說多錯多，在他的「多費唇舌」中越來越暴露出他的不可信任，終於被淹沒在他自己的話語中，被迫下台。

這種費盡唇舌而為了不說真相的事情，香港近年也越來越多。

最聰明的人，往往就失敗在忘記了或根本不知道山雷酋長這一句幾乎是常識的話。

不要被集體意識綁架

「一個人極少會做出瘋狂脫序的事。當你加入甚麼團體，參加甚麼黨派，參與標榜民族大團結的行動，抑或是捲入時代的漩渦時，就會不自覺地做出瘋狂的行為。」

——德國哲學家尼采

尼采（Friedrich Wilhelm Nietzsche），生於一八四四年。卒於一九〇〇年。

尼采是德國哲學家，牧師之子。二十四歲就當上巴塞爾大學哲學教授。一八七二年發表處女作《悲劇的誕生》。一八七九年辭退教職，開始他十年的飄泊人生，並持續創作。一八八九年飽受精神疾病折磨的他，終告崩潰，旋即於一九〇〇年病逝。

尼采抨擊歐洲思想，提出永劫回歸、權力意志等主張。他那敏銳獨特的思想，對二十世紀哲學家有深刻影響。

尼采哲學強調個人意志。他認為一個人在這個世界，有着一條除了你以外，別人無法走的路。

然而，人一旦加入了某團體、某政黨、某組織，或捲入一個社會運動，就會被集體主義所支配，容易在集體情緒下做出一般在個人意志支配下不會產生的行為。比如德國納粹時代幾乎全民族對自己鄰居的猶太人的殘暴行為，比如文革時代紅衛兵對自己父母、曾經敬愛的老師的批鬥行為。這些瘋狂脫序的事，作為一個有獨立意志的個體是絕對不會做的，但在集體行動中，在捲入大時代的漩渦中，人就會不自覺地做出來。

因此，隨時警惕着自己的自由意志，不要被集體意識所綁架。

民主與自由

「民主意味着讓人民大眾享有自由。哪裏不存在強有力的民主制度，哪裏就不存在強有力的自由。」
——英國歷史學家阿克頓勳爵

阿克頓勛爵（John Acton，英文常簡稱 Lord Acton）生於一八三四年，死於一九〇二年。英國歷史學家、自由主義者。他最著名的一句話是：「權力使人腐化，絕對權力使人絕對腐化。」幾乎全世界論政者、從政者都知道這句話。自從我開始寫作生涯以來，這是主導我觀察政治和寫作的最重要一句話。

民主是至今為止，人類社會制度中比較不壞的制度，原因是它能夠有效地制衡使人腐化的權力。權力腐化就會壓制人民大眾的自由，權力絕對就會使人民大眾絕對地喪失自由。因此，有了制衡權力的民主制度才能使人民有自由，有強而有力的民主，人民才有真正的強而有力的自由。

至於民主含義，字面上看就是主權在民，即「全民做主」。民主制度，有直接民主和間接民主兩種，前者是一種由選舉人直接投票決定政府政策的制度，例如決定是否接受或廢除某種法案。之所以稱為直接，是因為決策的權力直接由人民所行使，而不經過任何媒介或代表。民主國家實現直接民主的方式就是全民公投，這種方式比較少用。平時採用的是間接民主，即由全民選出民意代表來參與政府實體或議會，而非直接投票決定政府政策。遇到重要而爭議不絕的議題，就會採取公投即直接民主的方式解決。與民主制度相對的是寡頭政治和獨裁政治，這種政治制度是權力高度集中於少數，沒有由全民選舉產生的議會制衡執政者權力，因此人民也就沒有自由。

美國精神最重要表述

「最偉大的成就不是從不跌倒，而是跌倒後能夠爬起來。」

——美式足球知名教練藍巴迪

藍巴迪（Vince Lombardi）生於一九一三年，死於一九七〇年。美國欖球又稱為美式足球，藍巴迪被認為是最成功、最受尊重的教練之一。一九五九年他帶領一支墊底球隊贏得六次分區冠軍，五次國家美式足球聯盟（National Football League，NFL）冠軍，兩次超級碗冠軍。現時 NFL 年度總決賽超級碗比賽的冠軍獎盃，就以藍巴迪的名字命名。

美式足球反映了被指為美國精神的幾個要點：

第一就是永不放棄。球賽有輸有贏，但美國人不喜歡說「我輸了」。他們只是說「我沒有打贏」。當他們被打倒的時候，他們也不會說「我們完了」，他們只是說「我們是倒下，不是完蛋。」「成功者永不放棄；放棄者永不成功」，這種精神幫助了許多已經倒下去的人從死裏復活，捲土重來，再度成功。

第二就是「往前」。美式足球只有一個方向，往前！攻方為了要爭取一寸一尺，即使要斷臂斷腿，也要往前衝。正如凱撒大帝 (Julius Caesar, 100-44 B.C.) 所說：「如果沒有路，就找一條。如果找不到，就開一條。」

第三就是「不倒」。美式足球只有一種防衛：不倒。守方的使命，即使要斷臂斷腿，也不讓攻方得逞。有一句足球名言，說：「防衛得冠軍」。

上引藍巴迪那句話已成為美國精神的最重要表述：最偉大的成就不是從不跌倒，而是跌倒後能夠爬起來。

愛情與魔術

「談愛情和看魔術很相似，被騙的人，多少都有那麼一點心甘情願。」

——美國電影人活地．亞倫

活地．亞倫（Woody Allen），一九三五年出生，美國電影導演、編劇、演員，其職業生涯已逾五十年。其獨具風格的電影，讓他成為了美國在世最受尊敬的導演之一。上面這段話出自活地．亞倫二〇一四年的電影《情迷月色下》（Magic in the Moonlight），電影主人公是一個魔術師，電影講理想與現實，幻想與虛無。前面引述的電影中這句話講得甚為有趣，很可能道出了眾多現實世界的愛情真相。

魔術表演，當然是騙人的，觀眾也知道是假的把戲，但卻心甘情願被騙，而且被騙得津津有味。愛情，當然不能説都是騙人的。

但許多甜言蜜語，講的人未必是真心實意，聽的人很可能也知道有點假，不過還是很開心地受落，也就是即使明知被騙也多少有點心甘情願。這情形男女相同，不過以女人更普遍，有俗語説，男人不壞，女人不愛。正可以説明很多女人甘心被騙的情形。

魔術提供的是虛幻世界，愛情在很多時候提供的也是虛幻世界。人們享受魔術的假象，樂在其中；人們也往往享受愛情的虛幻假象，也樂在其中。只不過，魔術演完，觀眾都心滿意足地離場，但愛情結束了，很可能帶來的是感傷。

這不僅是一句有趣的話，還有點警世意味呢。

山中賊和心中賊

「破山中賊易，破心中賊難。」

——明代哲學家王守仁

王守仁，生於一四七二年，死於一五二九年，號陽明子，人稱王陽明。

王守仁是明代著名的思想家、哲學家，歷史上罕見大儒。他精通儒、釋、道三教，而且能夠統軍征戰。正德十三年（一五一八年）正月，他領軍進剿暴動山賊之前，寫信給弟子薛尚謙說：「賊有必破之勢。」但「破山中賊易，破心中賊難。」如果諸賢能夠掃蕩平定心中的賊寇，以收澄清平穩安定之心腹，才真正是大丈夫的不世功勳。

山中賊，是搶掠或造反；心中賊，是心裏面造反。平服壓制山中賊容易，但祛除人們心中的造反意識卻很難。但只有平定心中賊，社會才會平穩安定。能夠做到才是「大丈夫不世之偉績」。

從專制政權的掌權者角度來看，山中賊也可以指一切反對聲音或勢力。專制政權認為壓制了社會上的反對聲音或勢力，絕了對立力量參政組黨之路，就天下太平了。但縱能破山中賊，卻不能破人民的心中賊，人民心中的反抗意識不會因為表面被壓制而消失，相反只會對強權更反感，心中反叛意識越強。破山中賊，是壓服；破心中賊，才是在王道管治下使人民心悅誠服。但幾乎所有專制政權都是捨難取易，既無心也無力去破社會日益增長的心中賊。因此，社會儘管在暴力統治下可以維持一時的表面平靜，但暗湧存在，社會始終無法真正安穩。

天才不走輕車熟路

「傲立的天才對於輕車熟路不屑一顧，他們憧憬追尋的是至今從未開墾的處女地。」

——美國前總統林肯

亞伯拉罕·林肯（Abraham Lincoln）生於一八〇九年，死於一八六五年，第十六任美國總統，一八六一年三月就任，一八六五年四月遇刺身亡。

林肯領導美國經歷了歷史上最為慘烈的南北戰爭和最為嚴重的

道德、憲政和政治危機。經由此役，他維護了聯邦的完整，廢除了奴隸制，增強了聯邦政府的權力，並推動了經濟的現代化。美國學界和公眾將林肯稱作美國歷史上最偉大的總統之一。

林肯於一八六三年發表的葛底斯堡演說，是美國歷史上被最頻繁引用的經典演講，他提出「孕育於自由，且致力於凡人皆生而平等的信念」，他宣佈軍人英勇的獻身將不會成為徒勞，奴隸制將因這些犧牲而終結，而世界民主的未來將得到保有，「民有、民治、民享之政府當免於凋零」。

這次內戰的意義深遠的目標是：一個國家自由的新生。

這裏引述的一段話，是林肯對於天才形成的重要認知。常人總喜歡走許多人走過的成功或至少穩妥的輕車熟路，而不大願意冒險，哪怕只是很輕微的冒險。這樣或者也可以平平淡淡、無風無浪過一生。但天才人物之所以產生，就是他不肯走別人走過的老路。拿我熟悉的寫文章來說吧，即使不是天才，但重複已經有人說過的意見，別人寫過的觀點，即使能引起一些共鳴，但始終不會是傳誦一時的文章。寫文章，講話，不論做甚麼事，總要開墾一下處女地，才有意思。走別人沒有走過的路，即使碰得頭破血流，也是不枉此生。而其中一些人，就成了天才。

不要讓心靈冷漠

「衰老最大的悲哀不是身體的衰弱，而是心靈的冷漠。在穿過生命的陰影的過程中，我們要求行動的願望消失了。」

——法國作家莫洛亞

安德列·莫洛亞（André Maurois）生於一八八五年，死於一九六七年，法國作家。

莫洛亞的文學成就，特別表現在傳記創作方面。所寫傳記，人物生動，情節有趣，富有小說情味。被譽為法國文苑裏最好的幾部傳記，有《雪萊傳》、《拜倫傳》、《屠格涅夫傳》、《巴爾扎克傳》等。此外，莫洛亞還是一位出色的歷史學家，著有《英國史》、《美國史》、《法國史》等多種。

這裏所引述的莫洛亞的話，是談人的衰老。衰老是自然現象，只要不是早逝，任何人都會遇到。衰老使一個人的身體虛弱，許多年輕人做的事，老人就不能做了。但衰老的最大悲哀不是身體狀況不能做一些事，而是明明還可以做的事，可以採取的行動，卻因為衰老連想要行動的願望都沒有了，這就是心靈的冷漠。人應該活到老，學到老，行動到老，追求到老。只要一息尚存，只要還有一些活動的能力，就要讓生命之火繼續燃燒。我們看到一些老年人仍在行山，跳舞，學電腦，那就是心靈沒有冷漠。若所有行動的願望都消失，心靈已死，活下去也就沒甚麼意思了。

人是最可怕的動物

「狼也罷，熊也罷，各種野獸也罷，我統統不怕，惟獨怕人。野獸來了，你可以用槍支或者別的甚麼武器打死它，救出你自己，可是壞人來了，那就任甚麼解救的辦法都使不上了。見到野獸可以開槍，可是你開槍打死一個強盜，你就要負責，那可就要發配到西伯利亞去了。」

——俄國作家契訶夫

契訶夫，生於一八六〇年，死於一九〇四年。

契訶夫是十九世紀俄國的世界級短篇小說巨匠，本行是醫生，又只活到四十四歲，但寫下數百篇中短篇小說和三部對後世戲劇產生巨大影響的劇作。他奉行現實主義傳統，注重描寫俄國人民的日常生活，塑造具有典型性格的小人物。他的作品的三大特徵是：對醜惡現象的嘲笑，對貧苦人民的深切同情，以及作品的幽默性和藝術性。

這裏引述的一段話，來自契訶夫隨手寫下的札記。他幽默但真實地講出了「人是最可怕的動物」這個道理。大地上所有的毒蛇猛獸，都可以防避，可以對付，惟獨對於要謀你要害你的人，你無法對付，甚至來搶劫的強盜，你開槍打死他，都遠比你打死一隻猛獸麻煩。契訶夫說的「發配西伯利亞」，是沙皇時代對待罪犯們比坐牢更殘酷的懲罰方式。

人的可怕之處，不僅是人向人施暴，而且會使用暗算、讓你自墮陷阱這類詭計。契訶夫講人是最可怕的動物，對於曾經受過他人傷害的人，這句話是很真實的。

社會向上發展的必要條件

「沒有能獨立思考和獨立判斷的有創造性的個人，社會的向上發展是不可能的。」

——科學家愛因斯坦

愛因斯坦（Albert Einstein），生於一八七九年，死於一九五五年。

愛因斯坦是二十世紀猶太裔理論物理學家，創立了現代物理學的兩大支柱之一的相對論，被譽為「現代物理學之父」及二十世紀世界最重要科學家之一。

愛因斯坦總共發表了三百多篇科學論文和一百五十篇非科學作品，他不僅是科學家。也積極參與社會活動，寫下許多談論政治、社會、人生的文章，留下無數金句。

這裏引述他說的一段話，顯示他最重視個人的獨立思考和獨立判斷。這種特質帶給他偉大而豐盛的人生。在這段話中，他不僅認為這是個人應該有的特質，而且認為能夠讓個人可以獨立思考和獨立判斷的社會，才會產生具創造性的人物。而有創造性的個人，社會才能夠向上發展。換句話說，壓抑個人獨立思考和獨立判斷的社會，限制言論自由和思想自由的社會，也等於限制個人的創造力。而沒有個人創造力的社會，講求集體性、一致性的社會，是只會平行發展而不可能向上發展的。

工作快樂的要件

「要使人們在工作中感到快樂，須具備三個要件：必須適合所做的工作；不必做得太多；做起來必須有成就感。」

——英國作家羅斯金

約翰．羅斯金（John Ruskin），生於一八一九年，死於一九〇〇年。

羅斯金是英國維多利亞時代的作家和主要藝術評論家之一。他寫作的題材包羅萬象，寫作風格和體裁多變。從隨筆到專著、從詩歌到演講、從旅行指南到說明書、書信甚至童話。在他所有的作品中，他無一不在強調自然、藝術和社會之間的聯繫。

人生在世，職業、事業的選擇至為重要。多數人為了求安穩的收入，或為了追求金錢利益，做了自己不那麼喜歡的行業，然後又一邊抱怨性格不適合，對工作不感興趣，不能發揮所長。許多認為自己有點藝術天份卻不能從事繪畫、音樂等藝術工作的人，常有這種鬱鬱不得志的慨嘆。這樣並不快樂。

羅斯金的看法是，在工作中感到快樂的條件，並不是一定要配合自己的性情、興趣、特長，而是看自己是否適合去做，也就是能否勝任；其次就是不要做太多，即不要過份勞累，要多留工餘時間；

其三是要有成就感。有這三要件，就應該感到快樂了。至於性情、興趣，大可以工餘時間去尋找、去發揮。

道理很簡單，卻值得所有工作得不快樂的人參考。因為是否快樂，往往是指心情，是很主觀的。

人生只有一種成功

「只有一種成功——能以你自己的方式過你的一生。」

——美國作家莫利

克里斯托弗・莫利（Christopher Morley），生於一八九〇年，死於一九五七年，美國作家。他的小說、散文、詩集作品超過一百部。

人生的成功定義，每個人有不同的認識和理解。社會上大多數人認為，事業的成功就是成功，而事業，通常也是以金錢、權力取得多少來衡量。積累財富越多的商人，被認為是成功的商人；登上權力高階的政治人物，被認為是成功的政治人物；掌控的企業王國越大，被認為越成功。但是，生命對所有人都平等。英國經濟學家凱因斯有一句名言：「說到底，我們所有人都會死。」因此，在生時所有對金錢、權力的爭逐，死時都會成為鏡花水月。

人的生命只有一次，這一生要怎樣過，莫利認為，「能以你自己的方式過你的一生」，才是唯一的成功準則。「以自己的方式」，不是意味着看淡所有財富、權力，盡情追尋感官的快樂和享受，而是跟隨自己的自由意志，聽從內心的呼喚去過一生，而不是隨社會的價值標準、按照別人的期待選擇自己的生活和人生。

當然，在生命的長河中，這不可能永遠做到，正如生命長河中不會永遠成功一樣。人生有失敗，有不那麼成功，而成功的準則，莫利就認為只有一種：過只有你才有的、由個人意志驅使的人生。

個性與命運

「我們對於完全來自外界的厄運還可以容忍，但由自己個性導致的苦難卻無法承受；只因運道可能改變，個性卻難改變。」

——德國哲學家叔本華

叔本華（Arthur Schopenhauer），生於一七八八年，死於一八六〇年。

叔本華是著名德國哲學家，唯意志主義的開創者，其思想對近代的學術界、文化界影響極為深遠。叔本華認為，意志是獨立於時間和空間的，它同時亦包括所有的理性與知識，我們只能透過沉思來擺脱它。叔本華把他著名的悲觀主義哲學與唯意志主義聯繫在一起，認為被意志所支配最終只會帶來虛無和痛苦。

上面引述的一段話，是叔本華的唯意志論的一個申述。許多人都知道，個性決定命運。一個人的猶豫、多慮、舉棋不定，常常使人生錯過許多時機，由此而導致挫折卻不容易汲取教訓，因為這是他的個性。相反的，處事衝動、武斷，不經大腦，也往往會帶來持續的災難。

人的運氣有順有逆，但人的個性卻很難改變。一般來説，遇到外來的災難，比如天災橫禍，許多人都會有足夠的堅強意志去面對，沉着處理；但遇到因個性而帶來的災難，即使不是甚麼大災難，往往無法承受。

但個性是沒有好壞之分的。猶豫、多慮的個性，若用在需要縝密思慮的事情上，就是用得其所；處事武斷的個性，若用在需要快速果斷的事情上，也會帶來好運。

永遠要放眼未來

「我們不可能恢復昨天，但是我們可能贏得或失去明天。」

——美國前總統詹森

美國前總統詹森（Lyndon Baines Johnson），生於一九〇八年，死於一九七三年，時常縮寫稱 LBJ，美國政治人物。詹森在一九六一年至一九六三年於甘迺迪任下為第三十七任美國副總統。一九六三年十一月二十二日，甘迺迪遇刺身亡，詹森接任美國總統一職，並於一九六四年選舉中獲選連任總統職位。

世界經濟有起有落，社會有興旺有衰退，有戰爭也有和平，有美好時光也有艱難時世。在處於衰落、艱難的時日，人們往往會懷念過去的好日子，想恢復光輝的昨日。專權體制的政治人物也會以他們編造的歷史向人民詮釋政權的正當性。但有遠見、肯承擔的政治家，就不會要人們往後看，無論昨日多美好而現在多衰敗，也不可能恢復過去，因此不應該在緬懷過去中蹉跎歲月。最重要的是眼望明天。在現實的基礎下努力為明天耕耘，就會贏得明天；在緬懷過去中一味哀嘆美好時光的消失，就會失去明天。

美國前總統列根善於溝通談判。他上任之初，採取與蘇聯對抗的強硬路線，但一九八六年表示要與戈爾巴喬夫合作，因為他認為對方有誠意要爭取和平。這轉變也飽受批評。他留下一句名言：任何事情都可以談判，除了兩件事：我們的自由和未來。也就是說，在關於自由和未來的議題中，是不可以妥協的。

着眼未來，不能犧牲自由與未來，不僅國家如此，個人也應該如此。

為後真相時代敲響警鐘

「社交媒體可以有效傳遞改革的聲音，卻也可以對改革造成破壞。它會擴大『同類相聚』的人性傾向，把複雜的社會問題，簡化成動員的口號，在志同道合者的『回音室』裏不斷回響，卻無法推動對話、說服和尋求共識。」

——埃及社會活動家戈寧

戈寧（Wael Ghonim），一九八〇年出生於埃及開羅，是一名網絡行動主義者和計算機工程師。

二〇一一年在埃及由網絡動員的反政府示威，戈寧是主要的幕後推手，因而被埃及警方秘密拘捕並監禁了十一天，他獲釋的受訪片段獲得極大回響，使他蜚聲國際。二〇一一年底，美國《時代》雜誌將他列為「全球最有影響力的一百人」之一。

上面所引的一段話，是他在《牛津英語詞典》將「後真相」，post-truth，選為二〇一六年的年度詞彙之後，接受採訪的談話。

「後真相」意指「在形成民意的過程中，訴諸情感與個人信念比客觀事實更重要」；「後真相」，即忽視真相、不顧事實。後真相政治是「事實勝於雄辯」的相反，即是「雄辯勝於事實」，意見重於事實，立場決定是非；人們把情感和感覺放在首位，證據、事實和真相淪為次要，甚至毫不重要；政治人物説謊，不再是為了瞞騙，而是鞏固目標群眾的偏見，換取共鳴與支持。有評論認為，二〇一六年的英國脱歐公投和美國總統選舉結果，正是「後真相政治」的成功。

曾經藉網絡傳遞改革聲音、喚起顏色革命的戈寧，對當前社交媒體出現的問題，表示了負面看法，為後真相政治敲響警鐘。

相對貧窮是罪惡之源

「財產的極端懸殊是許多災難和犯罪的根源。」
——法國大革命政治人物羅伯斯庇爾

羅伯斯庇爾（Robespierre），生於一七五八年，死於一七九四年，是法國大革命時期最知名、最具影響力的政治人物，也是雅各賓專政恐怖統治時期的實際最高領導人。

在一七八九年，羅伯斯庇爾是窮人和民主體制的護衛者。雖然他早年強烈反對死刑，但在爭取處決國王路易十六和創建法蘭西共和國中扮演重要的角色。

在法蘭西被外敵和內戰困擾之時，羅伯斯庇爾成為法國大革命雅各賓專政恐怖統治時期的重要人物。他是權力強大的公共安全委員會委員，並運用職權鎮壓左翼，又鎮壓溫和派，緊接着在一七九四年四月五日處決他的政治盟友喬治丹敦後，同年七月二十八日羅伯斯庇爾被逮捕並處決，恐怖統治結束，隨之而來的就是一七九五年五至六月的第一次白色恐怖。羅伯斯庇爾個人對恐怖暴行的責任仍然是法國大革命歷史學家們激烈辯論的議題。

撇開羅伯斯庇爾的歷史評價，他維護窮人利益時所說的前面那句話，仍然是經典。災難和犯罪的根源不是貧窮，許多貧窮落後的國家和地區，犯罪率都不高。一個國家在經濟落後的時代，人民的道德水平並不低，社會犯罪不多，但到經濟上升、社會富裕了，社會犯罪率反而大大飈升，因為經濟儘管上升，但財產分配卻極端懸殊。一家人的生活水平固然比過去好了，但與社會上一些人比較，卻會產生相對更貧窮的感覺。這才是社會災難和犯罪的根源。

不與邪惡合作

「我已清楚知道，不與邪惡合作，正如追求真善美，是我們的良心的責任。」

——美國民權領袖馬丁・路德・金

馬丁・路德・金（Martin Luther King, Jr.），生於一九二九年，死於一九六八年。

馬丁・路德・金是美國牧師、社會運動者、人權主義者和非裔民權運動領袖，一九六四年諾貝爾和平獎得主。他主張以非暴力的公民抗命方法爭取非裔美國人的基本權利。一九六八年四月四日，馬丁．路德．金遭人暗殺，引發全美各地暴動。一九八六年，每年一月的第三個星期一被定為「馬丁．路德．金紀念日」，是美國聯邦假日之一。另有數百條街道以他的名字命名。

人生在世，會有許多「與邪惡合作」的引誘。所謂與邪惡合作，包括政治上職業上與邪惡勢力妥協；包括明知對方是邪惡勢力，也鑑於自己的利益或安全，甚至只是為了審慎，為了不想得失朋友，為了隨大流，而選擇合作；包括覺得只是小小的合作，自己不做其他人也會做的想法。像馬丁．路德．金那樣從事抗爭活動的領袖人物，邪惡勢力向他送出的誘惑就更多了。在以上這段話裏，馬丁．路德．金提出人性中對真善美的追求，這種追求，同邪惡勢力的合作是相抵觸的。但人性中也有懦弱、醜惡的一面，在政治利益或經濟利益面前，平常人也往往覺得偶而與邪惡勢力合作也沒甚麼不對。馬丁·路德·金認為「不與邪惡合作」是做人的原則，是良心的責任所在。

臨下驕者事上必諂

「臨下驕者事上必諂」。

——中國諺語

以上是魯迅在一九二四年寫的文章《論照相之類》中引用的「中國常語」。我在其他地方沒有看過這句話。但它的意義非凡。

魯迅文章中說，「凡是人主，也容易變成奴隸」，他舉出三國時吳國的末代皇帝孫皓，他統治吳國時，是驕縱酷虐的暴主，一降晉，卻是如此卑劣無恥的奴才。「中國常語說，臨下驕者事上必諂，也就是看穿了這把戲的話。」

美國作家馬克吐溫說：「我評斷一個人的品格，不看他如何對待比他地位高的人，而看他如何對待比他地位低的人。」

他的意思是：能夠以平等、寬容的態度對待比自己地位低的人，才是品格高尚的人。其實，一個人如何對待比他地位高和地位低的人，根本就是一體兩面。臨下驕者事上必諂，意思就是對地位低的人驕橫者，對地位高的人必然阿諛諂媚。

反過來看，臨下不驕而且平易寬厚，能夠為人着想的人，在上司或更高位者面前，也不會阿諛諂媚而會不卑不亢。

在現代高度文明的社會，沒有地位高和地位低之分，每個人都是在不同崗位上的平等個體。大陸成長的旅加人士廖曉英講加拿大的中小學教育，她說：加拿大的教師們不會拿成名成家來鼓勵學生。一個有所發明發現的科學家，與一個盡了本份的商店店員，在這個社會及其價值體系中，並沒有高下之分，沒有成功與失敗之分。這是因為：每個人都是不一樣的，而每個人有做他自己的權利。

宗教與自由

「凡是與政府相結合的宗教都是與自由相敵對的；凡是與政府相分離的宗教都是與自由相一致的。」

——美國政治家克萊

亨利·克萊（Henry Clay），生於一七七七年，死於一八五二年。

他是美國參眾兩院歷史上最重要的政治家與演說家之一，美國經濟現代化的倡導者。他曾經擔任美國國務卿，並五次參加美國總統競選，儘管均告失敗，但他以善於調解衝突兩方，並數次解決南北方關於奴隸制的矛盾而維護了聯邦的穩定，因而被稱為「偉大的調解者」。他有一句後來常被引用的政治名言：「比起當總統，我寧可選擇真理。」克萊的墓碑上寫着簡單的一句：「在我看來，地不分東西，人不分南北」。

一九五七年，克萊被評選為美國歷史上最偉大的五位參議員之一。

前面這段話，所謂與政府相結合的宗教，不單是指宗教領袖兼為政治領袖的政教合一，而且是指政府權力干預宗教自主的社會。現代西方文明社會強調政教分離，即宗教權力和政府統治權力的分割。《美國憲法第一修正案》中明文規定：「國會不得制定關於設立國教或禁止宗教自由之法律。」國家力量不援助、助長、壓迫各宗教團體。倘若政治權力與宗教權力結合，就會損害整個社會的自由。因為信仰不是理性的。

政教分離並非指政治人物不可以有宗教信仰，而是指社會所有人包括政治人物都有選擇信仰任何宗教的自由。只不過是政府與教會兩不相涉才能體現包括宗教自由的各項自由罷了。

人生快樂之源

「道德賜給我們的最大祝福便是輕視死。這方法使我們的生命得到一種溫柔的清靜，使我們感到它的甘美與純潔的滋味。沒有這一點，其他一切快樂也就全部熄滅。」

——法國作家蒙田

蒙田（Michel de Montaigne），生於一五三三年，死於一五九二年。

蒙田是法國在文藝復興時期最有標誌性的作家和哲學家，以《隨筆集》（Essais）三卷留名後世，在西方文學史上佔有重要地位。美國作家愛默生在日記中提到《隨筆集》：「剖開這些字，會有血流出來；那是有血管的活體。」尼采談到蒙田：

「世人對生活的熱情，由於這樣一個人的寫作而大大提高了。」

這裏引述蒙田這段話，告訴我們人生的最大祝福，最大安寧與快樂，就在於怎樣看待死亡。死亡對任何人都是平等的，每一個人都會面對死亡。許多人太看重死亡，太害怕死亡，而活在對死亡的恐懼中。於是，人生就沒有了安寧，就沒有了溫柔的清靜，即使有種種物質享受，在死亡陰影下也嘗不到真正的甘美與純潔。沒有了對死亡的輕視，一切快樂都熄滅。

因此，甚麼是人生快樂之源？蒙田給予的答案就是：輕視死亡。

領導與管理

「管理是指正確地去做事，領導則是去做正確的事。」

——奧地利管理學大師杜拉克

杜拉克（Peter Ferdinand Drucker），生於一九〇九年，死於二〇〇五年。

他是奧地利出生的作家，專注於寫作有關管理學範疇的文章與著作，他催生了管理這門學科，預測知識經濟時代的到來，被譽為

「現代管理學之父」。

上面引述杜拉克的話，是說明管理與領導的分際，管理是指正確地去做事，至於所做的事正確與否，則不是管理者的責任，而是領導者的責任。

領導者要決定甚麼事正確，甚麼事不正確，因此他的責任是關注大方向，要注意世界潮流，觀察趨勢，他不能夠把時間耗費在具體的管理上。好的領導者應該知人善任，信任具體執行管理的人，而不要自己親自去管理執行。而具體執行的管理人員，就只是按照領導者所定下來的事，去完善地、正確地執行。

通常管理人員很少擅自代替領導者作決定，然而，卻有不少領導者分不清這區別，去插手具體管理。在這種情形下，往往會打擊了管理者的士氣，覺得反正都是老闆來管理了，索性懶得去理，樣樣事情提交給老闆。這樣，無論是一個企業，一個組織，一個政府，都不可能會有好管治，甚至最終都會是災難。

被後世認為戰後最成功的美國總統列根，每天只工作幾小時，智商和知識水平都很普通，但他的信念堅定，善觀大局，做正確決定，放手下屬執行，徹底奉行「別人能做的事情，千萬不要自己做」的原則，是領導者的典範。

名人的悲哀

「我最不高興的是被人當作是名人，彷彿很了不起，其實空無所有。好像很多人尊敬，其實誰也不了解你。」

——中國現代作家巴金

巴金，生於一九〇四年，死於二〇〇五年。

巴金原名李堯棠，字芾甘。現代文學家、出版家、翻譯家。同時也被譽為是五四新文化運動以來最有影響力的作家之一。著名小說作品有「激流三部曲」的《家》、《春》、《秋》，「愛情三部曲」的《霧》、《雨》、《電》。他文筆流暢，極富吸引力，是三四十年代最受歡迎的小說家、散文家和翻譯家。一九四九年之後，他作為名人出席各種場合，寫作不多。文革期間受到衝擊和非人道迫害，晚年提議建立文化大革命博物館，但至今未實現。

他連續當選全國政協副主席，達二十二年之久，是中華人民共和國成立以來唯一一位超過百歲且在任上去世的黨和國家領導人。一九八四年國際筆會，巴金被推為「世界七大文化名人」之一，同年當選中國作家協會主席，任職至一百〇一歲逝世，達二十一年。

上引那段話，顯示他作為一個作家，對於長期當名人感覺孤獨，而且認識到「名」是虛的，好像「很了不起，其實空無所有」。對作家來說，甚麼是實的呢？只有作品才是實的。其實對於所有做實事的人來說，也是如此。「好像很多人尊敬，其實誰也不了解你。」這段話寫於巴金晚年，他這時已寫不出甚麼作品了，而且有一種誰也不了解他的寂寞感。也許是做了不再寫出作品的名人的悲哀。

走自己的道路

「每個人都應該堅持走他為自己開闢的道路，不被權威所嚇倒，不受時興的觀點所牽制，也不被時尚所迷惑。」

——德國文學家歌德

歌德（Johann Wolfgang von Goethe），生於一七四九年，死於一八三二年，是偉大的德國作家，也是世界文學領域最出類拔萃的光輝人物之一。在二〇〇五年德國電視二台票選最偉大的德國人活動中，他排名第七。著名作品有《少年維特的煩惱》、《浮士德》等。

上面引錄歌德的這段話，是他對一個人應該走怎樣的人生道路的忠告。首先，他強調要為自己開闢道路，意思是選擇自己有興趣、願意傾全力去追求的志業。如果不是自己願意去開闢的，而是被迫從事的職業，並不是理想的人生。其次，是對自己開闢的道路要堅持，而不是半途而廢。在堅持的過程中，要抵禦三種外力的干擾。一是會有權威力量嚇阻你，特別是你對所從事的行業想要改革的時候，或你要披荊斬棘前進的時候，你一定不要被嚇倒。二是當你要走的道路，不符合時興觀點的時候，比如你想從事音樂、繪畫或修讀哲學，這些會跟時興學醫、商、工程等較容易有出路的觀點不符，你一定不要受牽制。三是一些流行的、時尚的東西，很迷人，會吸引社會許多人的眼球，這些時尚，會迷惑你，干擾你對於要走的道路的堅持。

人若能選擇自己要走的道路，警惕與排除上述三種外力干擾，就是理想的人生。

天地
www.cosmosbooks.com.hk

書　　名　細味名言100句
作　　者　李　怡
出　　版　天地圖書有限公司
香港皇后大道東109-115號
智群商業中心15字樓（總寫字樓）
電話：2528 3671　傳真：2865 2609
香港灣仔莊士敦道30號地庫/ 1樓（門市部）
電話：2865 0708　傳真：2861 1541
印　　刷　亨泰印刷有限公司
柴灣利眾街27號德景工業大廈10字樓
電話：2896 3687　傳真：2558 1902
發　　行　香港聯合書刊物流有限公司
香港新界大埔汀麗路36號中華商務印刷大廈3字樓
電話：2150 2100　傳真：2407 3062
出版日期　2017年7月初版・香港

ISBN：978-988-8257-97-3